AF205732

Impressum
Verlag: BABADADA GmbH, Nedderfeld 112 , 22529 Hamburg
Geschäftsführer / Verlagsleitung: Harald Hof
Druck: Books on Demand GmbH, In de Tarpen 42, 22848 Norderstedt

Imprint
Publisher: BABADADA GmbH, Nedderfeld 112 , 22529 Hamburg, Germany
Managing Director / Publishing direction: Harald Hof
Print: Books on Demand GmbH, In de Tarpen 42, 22848 Norderstedt

koulu
skola

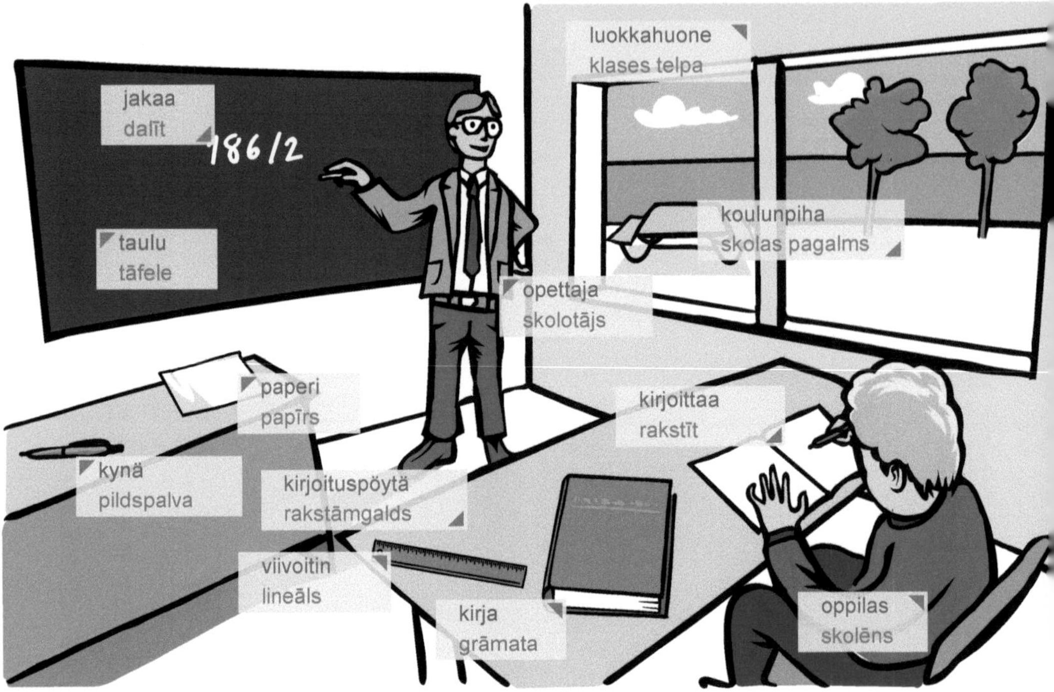
luokkahuone
klases telpa
jakaa
dalīt
186/2
taulu
tāfele
koulunpiha
skolas pagalms
opettaja
skolotājs
paperi
papīrs
kirjoittaa
rakstīt
kynä
pildspalva
kirjoituspöytä
rakstāmgalds
viivoitin
lineāls
kirja
grāmata
oppilas
skolēns

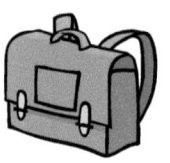

reppu

skolas soma

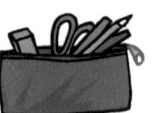

penaali

penālis

lyijykynä

zīmulis

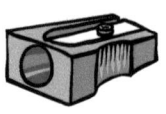

kynänteroitin

zīmuļu asināmais

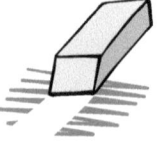

pyyhekumi

dzēšgumija

piirustuslehtiö

zīmēšanas bloks

piirustus

zīmējums

pensseli

ota

vesivärit

krāsas

sakset

šķēres

liima

līme

harjoituskirja

darba burtnīca

kotitehtävä

mājas darbs

12

luku

skaitlis

2+2

lisätä

saskaitīt

5-2

vähentää

atņemt

2×2

kertoa

reizināt

laskea

rēķināt

A

kirjain

burts

ABCDEFG
HIJKLMN
OPQRSTU
VWXYZ

aakkoset

alfabēts

hello

sana

vārds

koulu - skola

3

teksti

teksts

lukea

lasīt

liitu

krīts

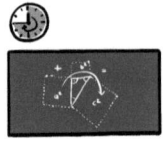

oppitunti

mācību stunda

opettajan muistikirja

žurnāls

koe

eksāmens

todistus

liecība

koulupuku

skolas forma

koulutus

izglītība

sanakirja

enciklopēdija

yliopisto

universitāte

mikroskooppi

mikroskops

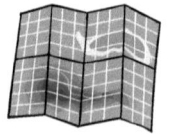

kartta

karte

roskakori

papīrgrozs

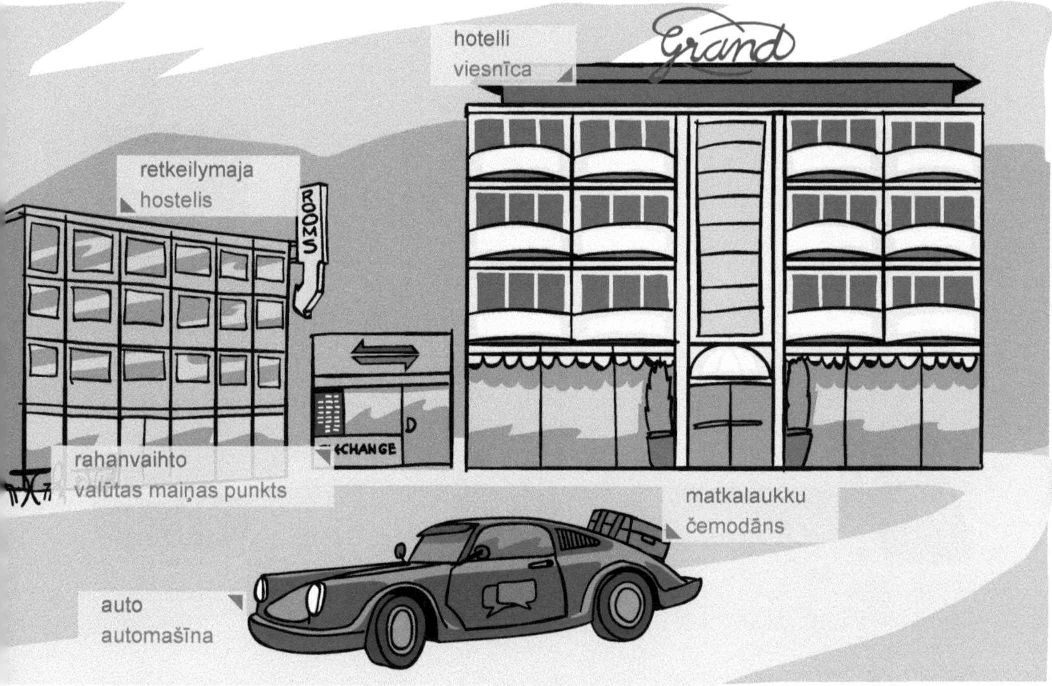

hotelli
viesnīca

Grand

retkeilymaja
hostelis

ROOMS

EXCHANGE

rahanvaihto
valūtas maiņas punkts

matkalaukku
čemodāns

auto
automašīna

kieli

Valoda

kyllä / ei

jā / nē

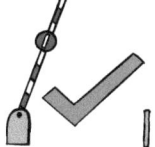

selvä

Okay

hei

Sveiki!

tulkki

tulks

kiitos

paldies

Paljonko...maksaa?

Cik maksā...?

en ymmärrä

Es nesaprotu

ongelma

problēma

Hyvää iltaa!

Labvakar!

Hyvää huomenta!

Labrīt!

Hyvää yötä!

Ar labu nakti!

näkemiin

Uz redzēšanos

suunta

virziens

matkatavarat

bagāža

laukku

soma

reppu

mugursoma

vieras

viesis

huone

istaba

makuupussi

guļammaiss

teltta

telts

matka - ceļojums

turisti-info

tūrisma informācija

ranta

pludmale

luottokortti

kredītkarte

aamupala

brokastis

lounas

pusdienas

päivällinen

vakariņas

matkalippu

biļete

hissi

lifts

postimerkki

pastmarka

raja

robeža

tulli

muita

suurlähetystö

vēstniecība

viisumi

vīza

passi

pase

matka - ceļojums

kuljetus
transports

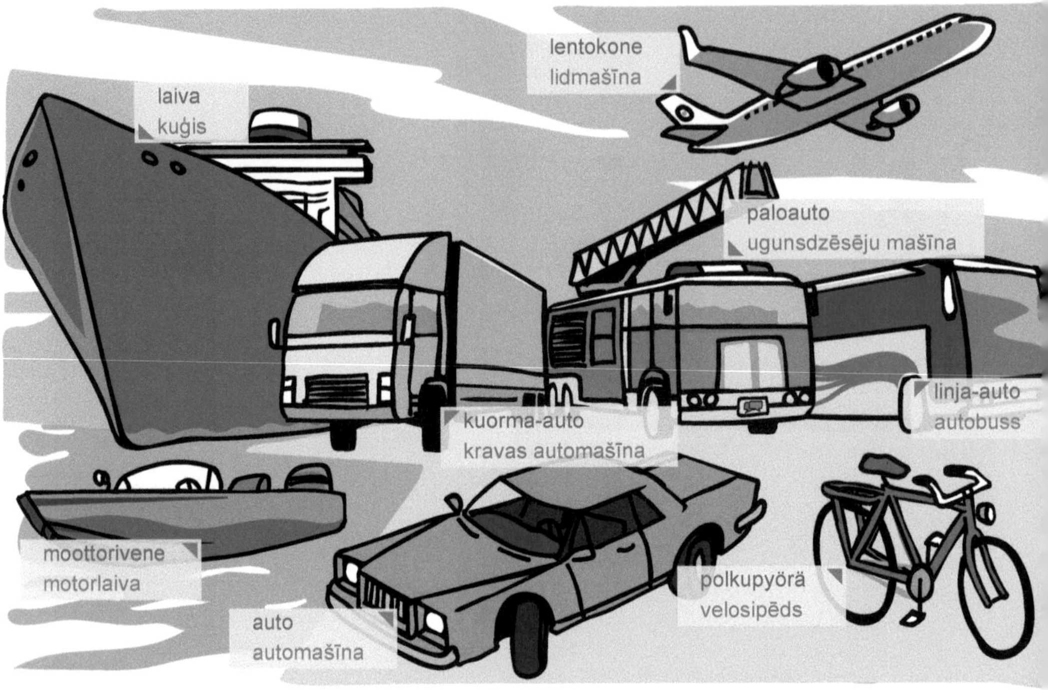
lentokone
lidmašīna
laiva
kuģis
paloauto
ugunsdzēsēju mašīna
linja-auto
autobuss
kuorma-auto
kravas automašīna
moottorivene
motorlaiva
polkupyörä
velosipēds
auto
automašīna

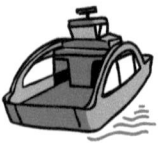

lautta
prāmis

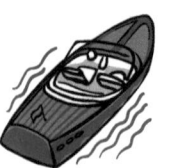

vene
laiva

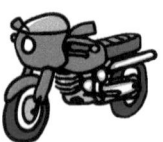

moottoripyörä
motocikls

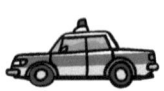

poliisiauto
policijas automašīna

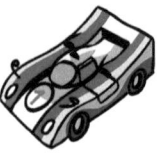

kilpa-auto
sacīkšu automobilis

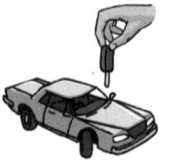

vuokra-auto
nomas auto

car sharing

auto koplietošana

hinausauto

evakuators

roska-auto

atkritumu mašīna

moottori

dzinējs

polttoaine

benzīns

huoltoasema

degvielas uzpildes stacija

liikennemerkki

ceļa zīme

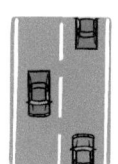

liikenne

satiksme

ruuhka

sastrēgums

parkkipaikka

stāvvieta

rautatieasema

dzelzceļa stacija

raiteet

sliedes

juna

vilciens

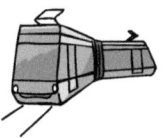

raitiovaunu

tramvajs

vaunu

vagons

helikopteri

helikopters

lentokenttä

lidosta

lähilennonjohto

tornis

matkustaja

pasažieris

kontti

konteiners

pahvilaatikko

kaste

kärryt

ratiņi

kori

grozs

nousta / laskea

pacelties / nosēsties

kaupunki
pilsēta

kylä

ciems

keskusta

pilsētas centrs

talo

māja

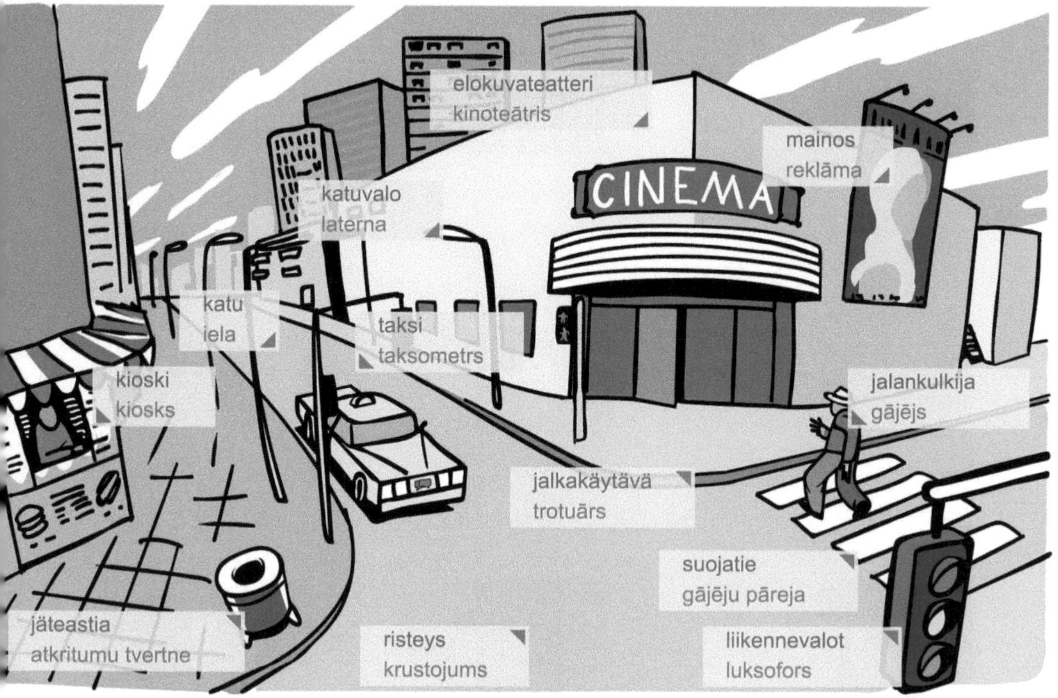
CINEMA
elokuvateatteri
kinoteātris
mainos
reklāma
katuvalo
laterna
katu
iela
taksi
taksometrs
kioski
kiosks
jalankulkija
gājējs
jalkakäytävä
trotuārs
suojatie
gājēju pāreja
jäteastia
atkritumu tvertne
risteys
krustojums
liikennevalot
luksofors

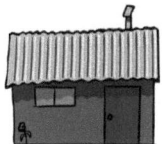

mökki

būda

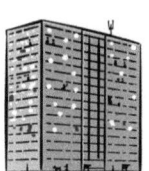

kerrostalo

dzīvoklis

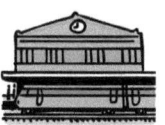

rautatieasema

dzelzceļa stacija

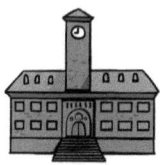

kaupungintalo

rātsnams

MUSEUM

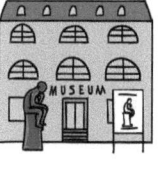

museo

muzejs

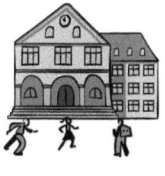

koulu

skola

yliopisto

universitāte

pankki

banka

sairaala

slimnīca

hotelli

viesnīca

apteekki

aptieka

toimisto

birojs

kirjakauppa

grāmatnīca

liike

veikals

kukkakauppa

ziedu veikals

supermarketti

lielveikals

tori

tirgus

tavaratalo

tirdzniecības centrs

kalakauppias

zivju tirgotājs

ostoskeskus

tirdzniecības centrs

satama

osta

puisto

parks

penkki

sols

silta

tilts

portaat

kāpnes

metro

metro

tunneli

tunelis

linja-autopysäkki

autobusa pieturvieta

baari

bārs

ravintola

restorāns

postilaatikko

pastkastīte

katukyltti

ielas nosaukuma plāksne

parkkimittari

stāvlaika skaitītājs

eläintarha

zooloģiskais dārzs

uimala

peldbaseins

moskeija

mošeja

maatila

zemnieku saimniecība

ympäristön saastuminen

vides piesārņojums

hautausmaa

kapsēta

kirkko

baznīca

leikkikenttä

spēļu laukums

temppeli

templis

maisema
ainava

lehti
lapa

tienviitta
ceļrādis

tie
ceļš

niitty
pļava

kivi
akmens

puu
koks

retkeilijä
ceļotājs

joki
upe

ruoho
zāle

kukka
puķe

laakso

ieleja

vuori

kalns

järvi

ezers

metsä

mežs

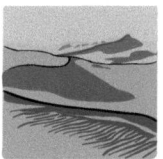

aavikko

tuksnesis

tulivuori

vulkāns

linna

pils

sateenkaari

varavīksne

sieni

sēne

palmu

palma

hyttynen

moskīts

kärpänen

muša

muurahainen

skudra

mehiläinen

bite

hämähäkki

zirneklis

maisema - ainava

kovakuoriainen

vabole

sammakko

varde

orava

vāvere

siili

ezis

jänis

zaķis

pöllö

pūce

lintu

putns

joutsen

gulbis

villisika

meža cūka

peura

briedis

hirvi

alnis

pato

aizsprosts

tuulimylly

vēja ģenerators

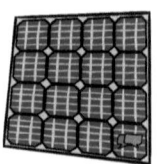

aurinkopaneeli

saules baterija

ilmasto

klimats

ravintola
restorāns

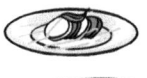

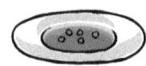

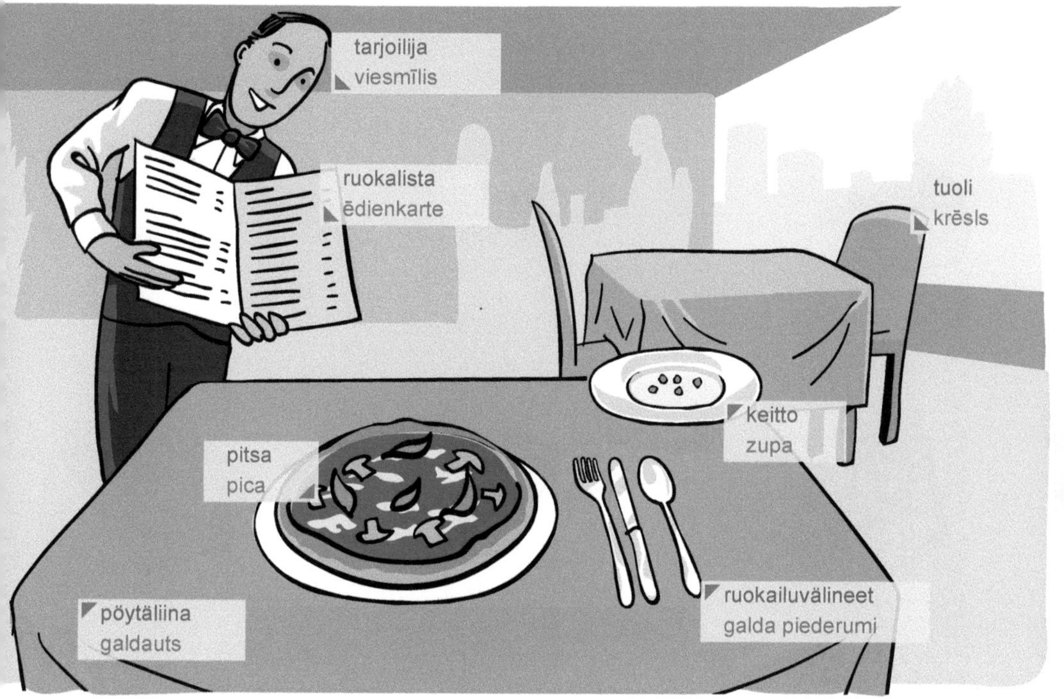

tarjoilija
viesmīlis
ruokalista
ēdienkarte
tuoli
krēsls
keitto
zupa
pitsa
pica
pöytäliina
galdauts
ruokailuvälineet
galda piederumi

alkuruoka
uzkoda

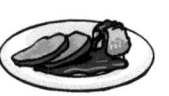

pääruoka
pamatēdiens

jälkiruoka
deserts

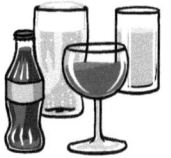

juomat
dzērieni

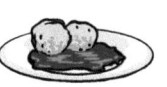

ruoka
ēdiens

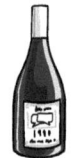

pullo
pudele

pikaruoka

ātrās uzkodas

katuruoka

ielu uzkodas

teekannu

tējkanna

sokeriastia

cukurtrauks

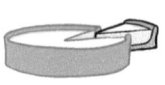

annos

porcija

espressokeitin

espresso kafijas automāts

syöttötuoli

bāra krēsls

lasku

rēķins

tarjotin

paplāte

veitsi

nazis

haarukka

dakša

lusikka

karote

teelusikka

tējkarote

servietti

salvete

lasi

glāze

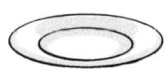

lautanen

šķīvis

syvä lautanen

zupas šķīvis

aluslautanen

apakštase

kastike

mērce

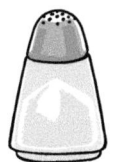

suolasirotin

sāls trauciņš

pippurimylly

piparu dzirnaviņas

etikka

etiķis

öljy

eļļa

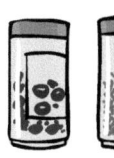

mausteet

garšvielas

ketsuppi

kečups

sinappi

sinepes

majoneesi

majonēze

supermarketti
lielveikals

tarjous
piedāvājums
FOR
asiakas
klients
maitotuotteet
piena produkti
hedelmät
augļi
ostoskärryt
iepirkumu ratiņi

BUTCHERS

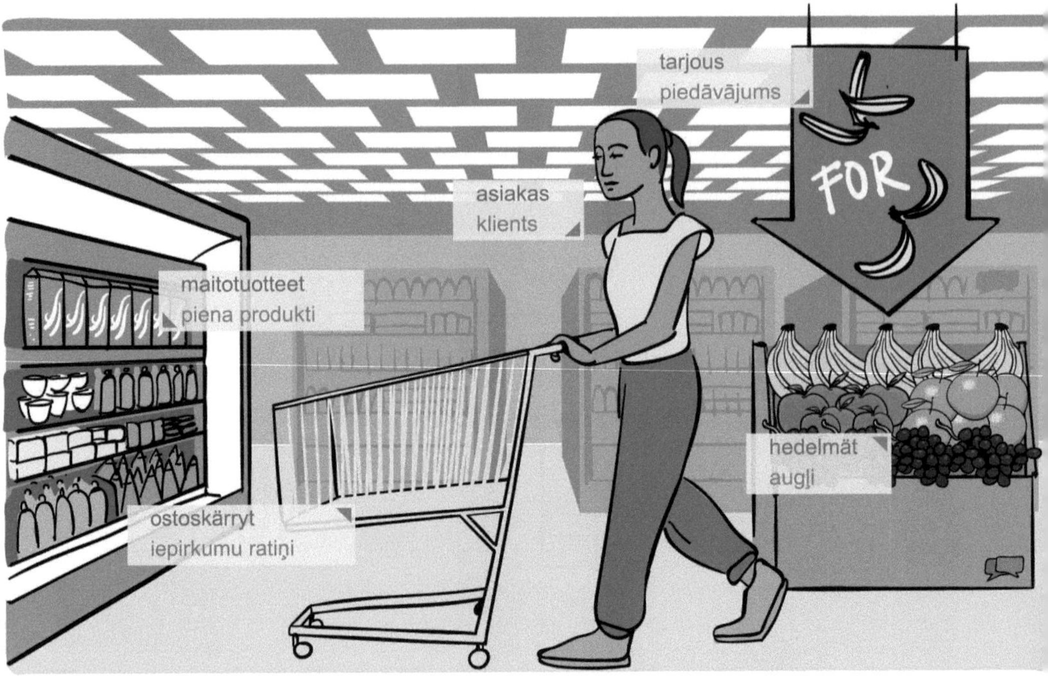

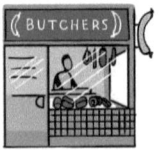

teurastamo

kautuve

BAKERY

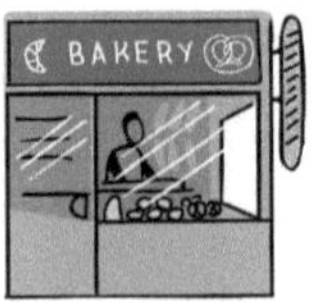

leipomo

maizes veikals

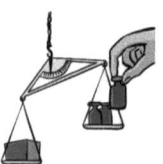

punnita

svērt

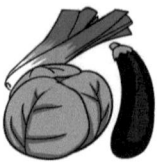

kasvikset

dārzeņi

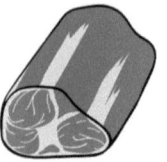

liha

gaļa

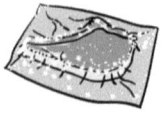

pakasteet

saldēti produkti

leikkele

aukstās gaļas uzkodas

säilykkeet

konservi

pesujauhe

pulveris

makeiset

saldumi

kotitaloustarvikkeet

mājsaimniecības preces

puhdistusaineet

tīrīšanas līdzeklis

myyjä

pārdevēja

kassa

kase

kassanhoitaja

kasieris

ostoslista

iepirkumu saraksts

aukioloajat

darba laiks

lompakko

maks

luottokortti

kredītkarte

kassi

soma

muovipussi

maisiņš

vesi

ūdens

mehu

sula

maito

piens

kokis

kola

viini

vīns

olut

alus

alkoholi

alkohols

kaakao

kakao

tee

tēja

kahvi

kafija

espresso

espresso

cappuccino

kapučīno

banaani

banāns

omena

ābols

appelsiini

apelsīns

meloni

melone

sitruuna

citrons

porkkana

burkāns

valkosipuli

ķiploks

bambu

bambuss

sipuli

sīpols

sieni

sēne

pähkinät

rieksti

spagetti

makaroni

spagetti

spageti

riisi

rīsi

salaatti

salāti

ranskalaiset

frī kartupeļi

paistetut perunat

cepti kartupeļi

pitsa

pica

hampurilainen

hamburgers

voileipä

sviestmaize

leike

šnicele

kinkku

šķiņķis

salami

salami

makkara

desa

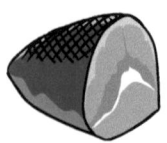

kana

vista

paisti

cepetis

kala

zivs

kaurahiutaleet

auzu pārslas

mysli

muslis

murot

brokastu pārslas

jauho

milti

voisarvi

radziņš

sämpylä

brokastu maizītes

leipä

maize

paahtoleipä

tostermaize

keksit

cepumi

voi

sviests

rahka

biezpiens

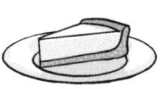

kakku

kūka

kananmuna

ola

paistettu kananmuna

cepta ola

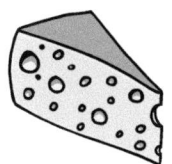

juusto

siers

jäätelö

saldējums

sokeri

cukurs

hunaja

medus

hillo

marmelāde

suklaapähkinälevite

riekstu krēms

curry

karijs

maatila

zemnieku saimniecība

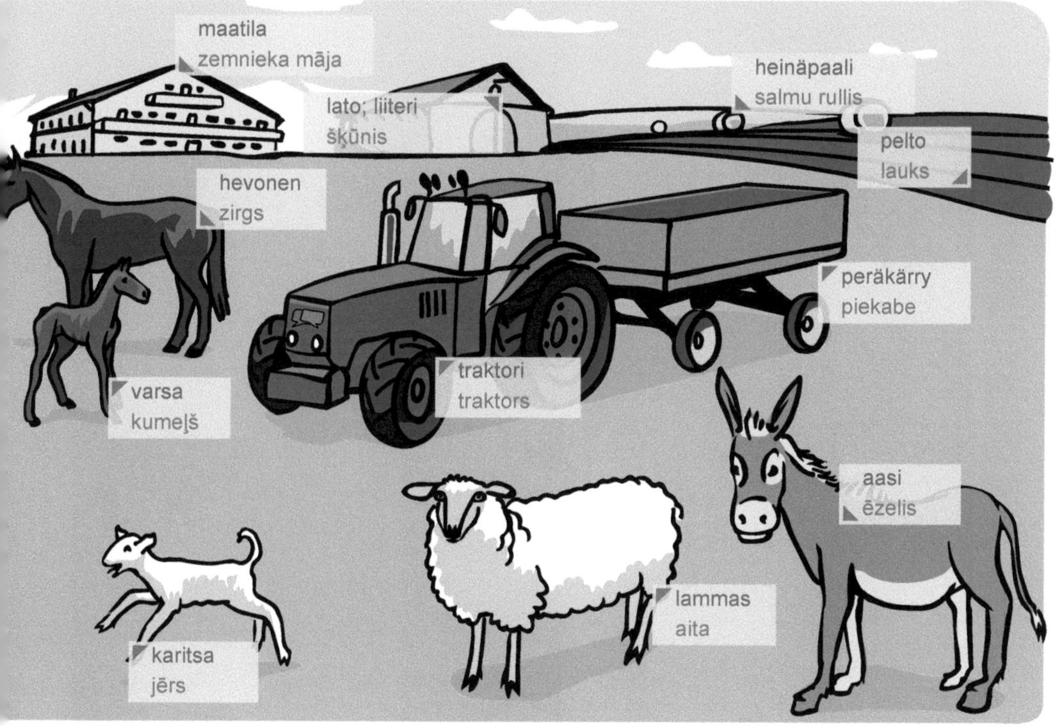

maatila
zemnieka māja
lato; liiteri
šķūnis
heinäpaali
salmu rullis
pelto
lauks
hevonen
zirgs
peräkärry
piekabe
varsa
kumeļš
traktori
traktors
aasi
ēzelis
lammas
aita
karitsa
jērs

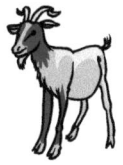

vuohi
....
kaza

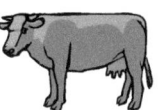

lehmä
....
govs

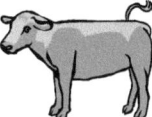

vasikka
....
teļš

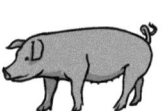

sika
....
cūka

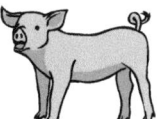

porsas
....
sivēns

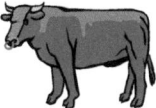

sonni
....
bullis

hanhi

zoss

ankka

pīle

tipu

cālis

kana

vista

kukko

gailis

rotta

žurka

kissa

kaķis

hiiri

pele

härkä

vērsis

koira

suns

koirankoppi

suņa būda

puutarhaletku

dārza šļūtene

kastelukannu

lejkanna

viikate

izkapts

aura

arkls

sirppi
sirpis

kuokka
kaplis

talikko
mēslu dakša

kirves
cirvis

kottikärryt
ķerra

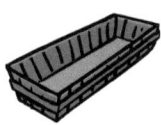

kaukalo
sile

maitokannu
piena kanna

säkki
maiss

aita
žogs

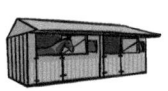

talli
kūts

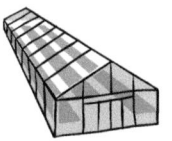

kasvihuone
siltumnīca

maa
augsne

siemen
sēklas

lannoite
mēslojums

leikkuupuimuri
kombains

kerätä sato
....
novākt ražu

sato
....
raža

jamssit
....
jamss

vehnä
....
kvieši

soija
....
soja

peruna
....
kartupelis

maissi
....
kukurūza

rypsi
....
rapsis

hedelmäpuu
....
augļu koks

maniokki
....
manioka

vilja
....
labība

talo
māja

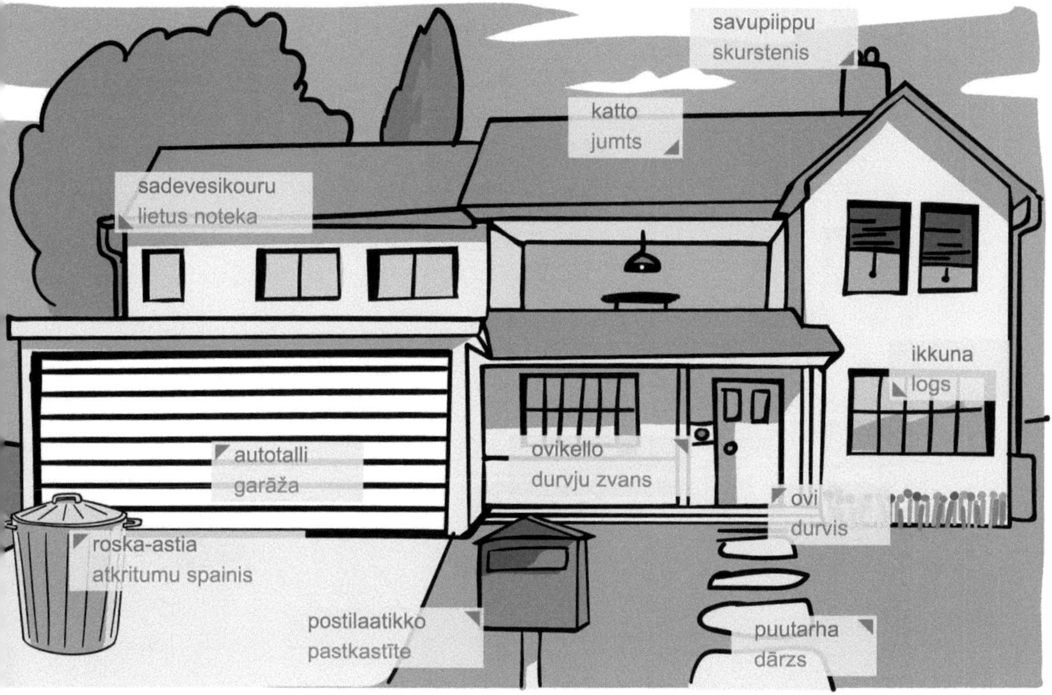
savupiippu
skurstenis
katto
jumts
sadevesikouru
lietus noteka
ikkuna
logs
autotalli
garāža
ovikello
durvju zvans
ovi
durvis
roska-astia
atkritumu spainis
postilaatikko
pastkastīte
puutarha
dārzs

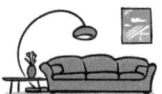

olohuone

viesistaba

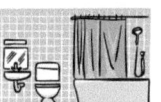

kylpyhuone

vannas istaba

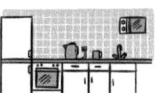

keittiö

virtuve

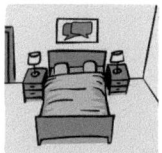

makuuhuone

guļamistaba

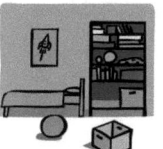

lastenhuone

bērnu istaba

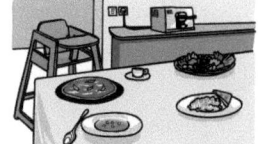

ruokahuone

ēdamistaba

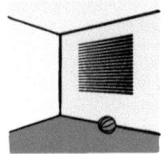

lattia
grīda

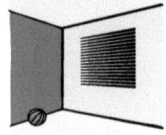

seinä
siena

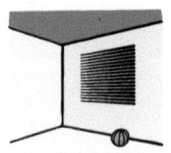

katto
griesti

kellari
pagrabs

sauna
sauna

parveke
balkons

terassi
terase

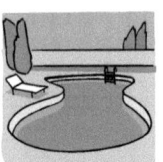

uima-allas
baseins

ruohonleikkuri
zāles pļāvējs

lakana
gultas veļa

päiväpeitto
sega

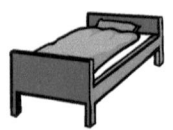

sänky
gulta

harja
slota

ämpäri
spainis

katkaisin
slēdzis

olohuone
viesistaba

tapetti
tapetes
kuva
attēls
lamppu
lampa
hylly
plaukts
kaappi
skapis
televisio
televizors
takka
kamīns
kukka
puķe
tyyny
spilvens
sohva
dīvāns
maljakko
vāze
kaukosäädin
tālvadības pults

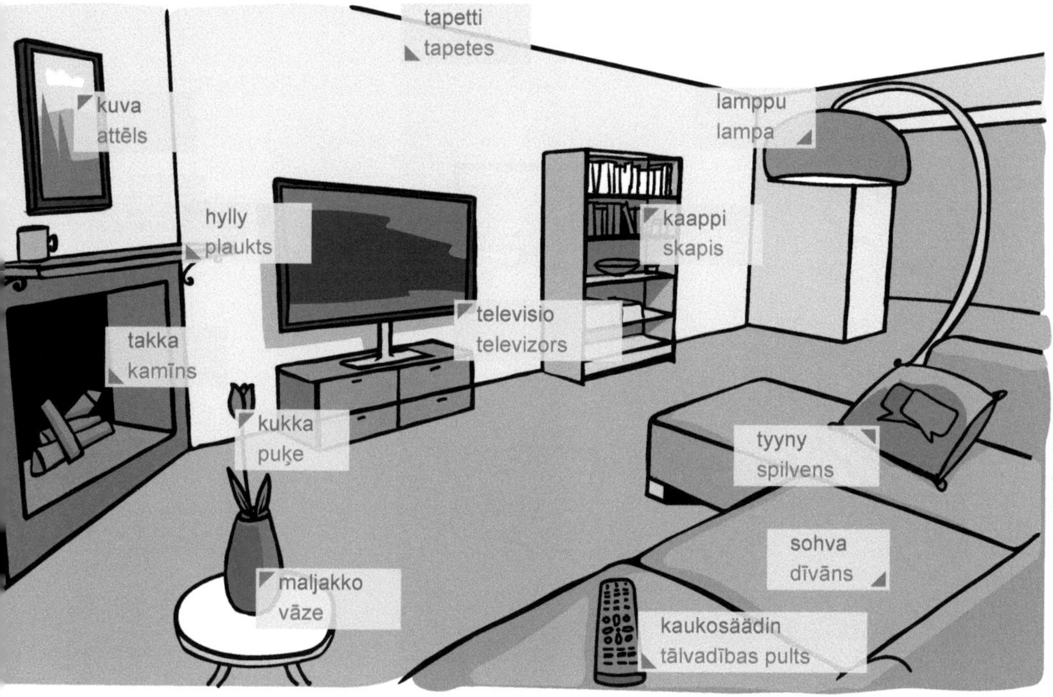

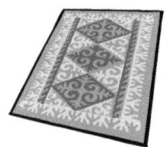

matto

paklājs

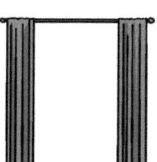

verho

aizkars

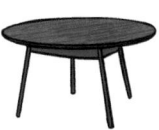

pöytä

galds

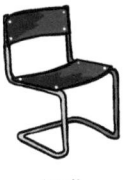

tuoli

krēsls

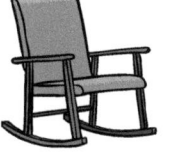

keinutuoli

šūpuļkrēsls

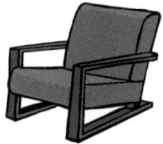

nojatuoli

atpūtas krēsls

kirja

grāmata

peitto

sega

koriste

dekorācija

polttopuut

malka

elokuva

filma

stereot

mūzikas centrs

avain

atslēga

sanomalehti

avīze

maalaus

glezna

juliste

plakāts

radio

radio

muistivihko

pierakstu blociņš

pölynimuri

putekļu sūcējs

kaktus

kaktuss

kynttilä

svece

keittiö
virtuve

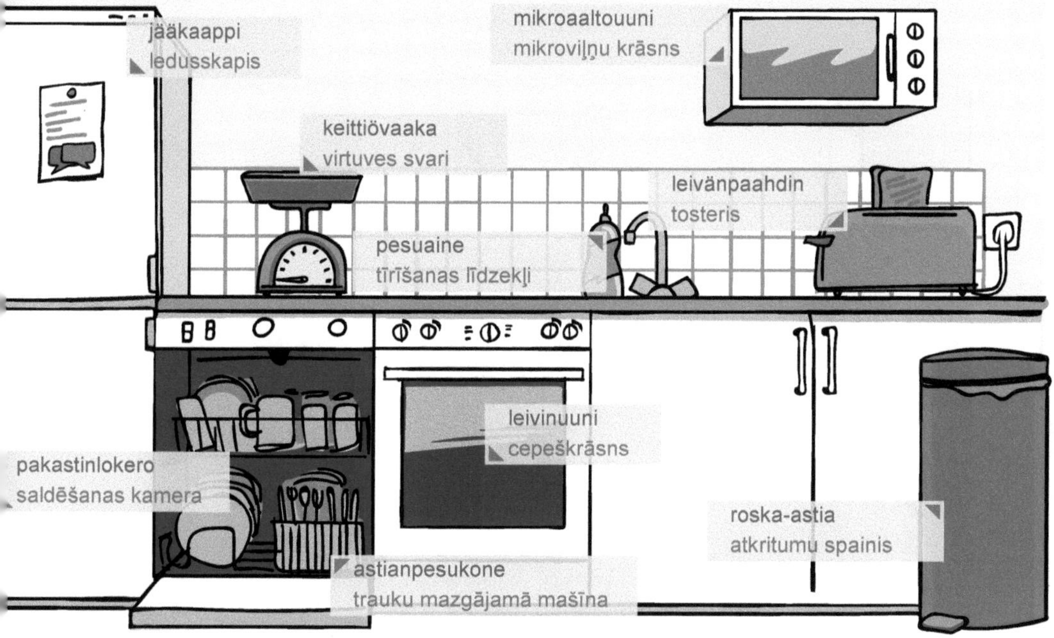
jääkaappi
ledusskapis
mikroaaltouuni
mikroviļņu krāsns
keittiövaaka
virtuves svari
leivänpaahdin
tosteris
pesuaine
tīrīšanas līdzekļi
leivinuuni
cepeškrāsns
pakastinlokero
saldēšanas kamera
roska-astia
atkritumu spainis
astianpesukone
trauku mazgājamā mašīna

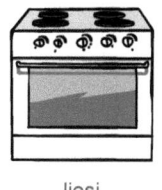

liesi
....
plīts

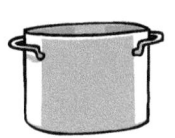

kattila
....
pods

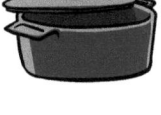

rautapata
....
katls

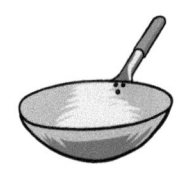

kkipannu / kadai-pannu
....
Wok panna

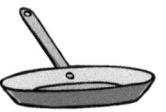

paistinpannu
....
panna

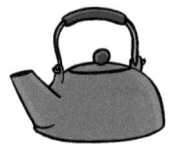

teepannu
....
elektriskā tējkanna

höyrykeitin

tvaika katls

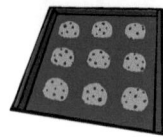

uunipelti

cepešpanna

astiat

trauki

muki

krūze

kulho

bļoda

syömäpuikot

irbulīši

kauha

kauss

paistinlasta

lāpstiņa

vispilä

putošanas slotiņa

siivilä

sietiņš

siivilä

siets

raastin

rīve

mortteli

piesta

grilli

grilēt

avotuli

atklāts pavards

leikkuulauta

dēlis

kaulin

mīklas rullis

korkinavaaja

korķu viļķis

purkki

bundža

purkinavaaja

konservu nazis

pannulappu

virtuves cimdi

lavuaari

izlietne

tiskiharja

birste

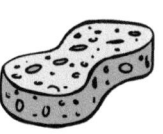

pesusieni

sūklis

tehosekoitin

mikseris

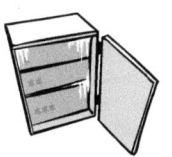

pakastin

saldētava

tuttipullo

bērna pudelīte

vesihana

ūdenskrāns

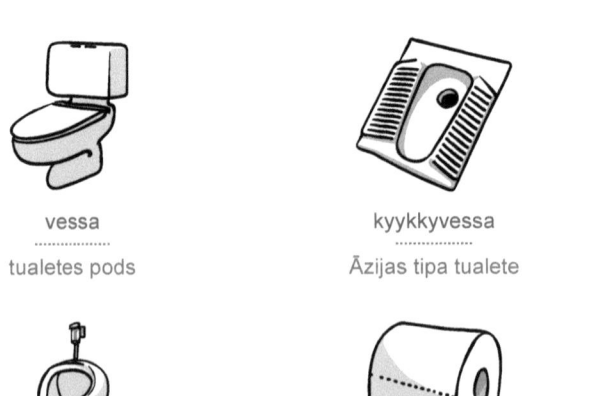

kylpyhuone
vannas istaba

lämmitys
apkure
suihku
duša
pyyhe
dvielis
suihkuverho
dušas aizkari
vaahtokylpy
vannas putas
kylpyamme
vanna
lasi
glāze
pesukone
veļas mašīna
vesihana
ūdenskrāns
kaakelit
flīzes
potta
podiņš
lavuaari
izlietne

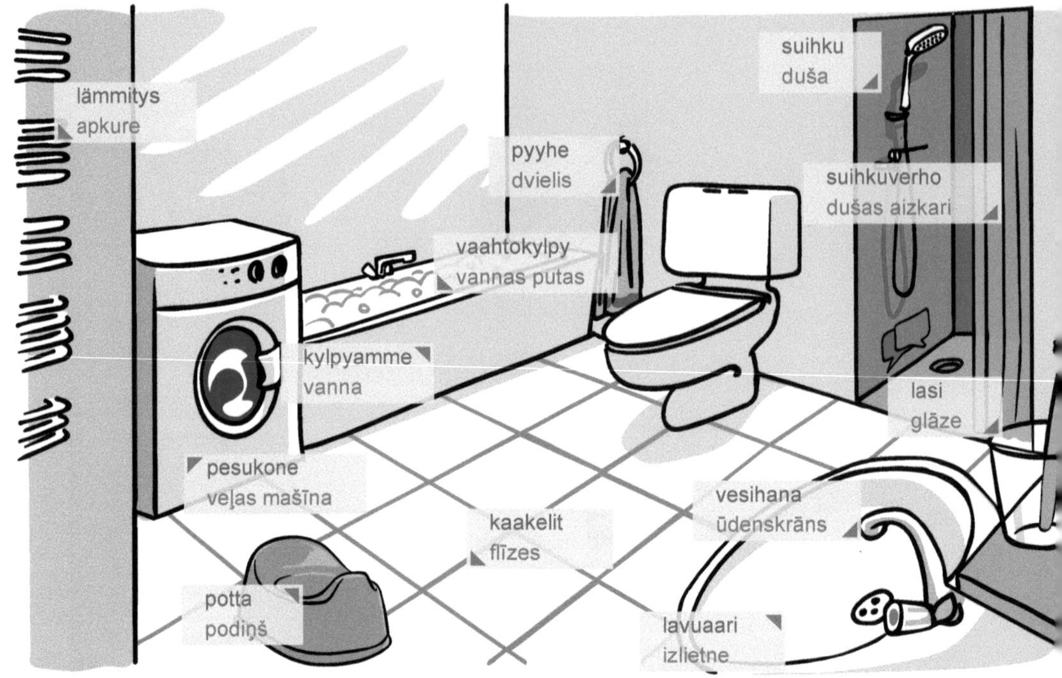

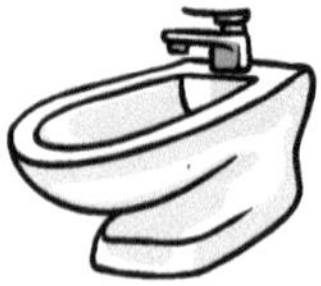

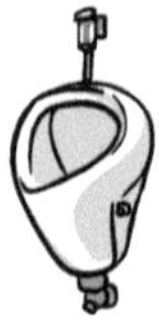

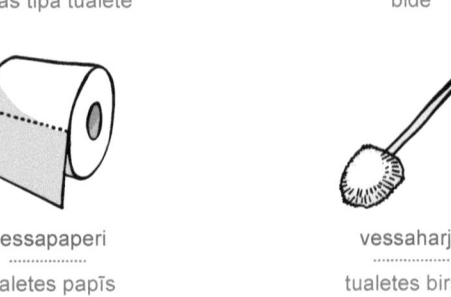

vessa

tualetes pods

kyykkyvessa

Āzijas tipa tualete

bidee

bidē

pisuaari

pisuārs

vessapaperi

tualetes papīs

vessaharja

tualetes birste

hammasharja

zobu birste

hammastahna

zobu pasta

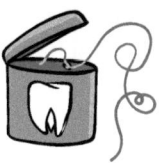

hammaslanka

zobu diegs

pestä

mazgāt

käsisuihku

rokas duša

intiimisuihku

duša

pesuvati

bļoda

selkäharja

muguras mazgāšanas birste

saippua

ziepes

suihkugeeli

dušas želeja

shampoo

šampūns

pesulappu

mazgāšanas drāna

viemäri

noteka

voide

krēms

deodorantti

dezodorants

peili

spogulis

käsipeili

spogulītis

partaveitsi

skuveklis

partavaahto

skūšanās putas

partavesi

losjons pēc skūšanās

kampa

ķemme

harja

matu suka

hiustenkuivaaja

matu fēns

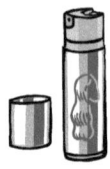

hiuslakka

matu laka

meikki

grima komplekts

huulipuna

lūpu krāsa

kynsilakka

nagulaka

pumpuli

vate

kynsisakset

šķērītis

hajuvesi

smaržas

kosmetiikkalaukku

kosmētikas maks

jakkara

ķeblītis

vaaka

svari

kylpytakki

halāts

kumihansikkaat

tīrīšanas cimdi

tamponi

tampons

terveysside

pakete

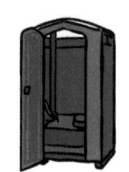

kemiallinen wc

ķīmiskā tualete

lastenhuone
bērnu istaba

herätyskello
modinātājs
pehmolelu
mīkstā rotaļlieta
leikkiauto
spēļu automašīna
helistin
grabulis
nukkekoti
leļļu māja
lahja
dāvana

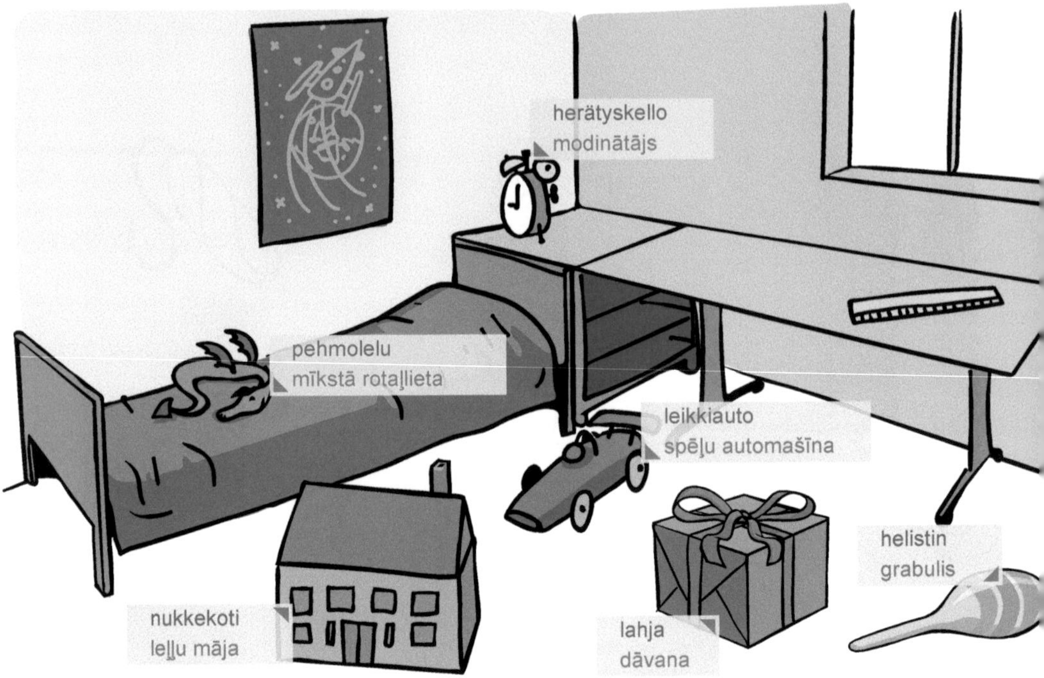

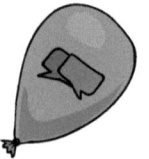

ilmapallo

balons

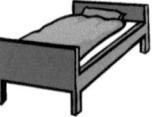

sänky

gulta

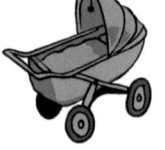

lastenvaunut

bērnu ratiņi

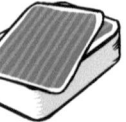

korttipeli

kārtis

palapeli

puzle

SUPER MEGA

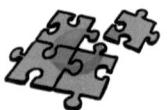

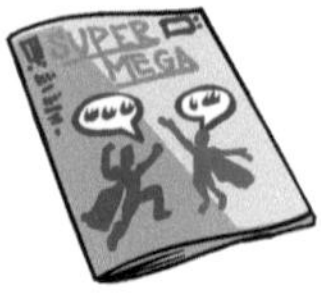

sarjakuva

komikss

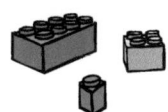

legopalikat

LEGO klucīši

rakennuspalikat

klucīši

supersankari

varoņu figūra

potkupuku

rāpulītis

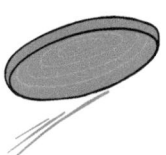

frisbee

lidojošais šķīvītis

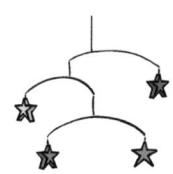

mobile

muzikālais karuselis

lautapeli

galda spēle

noppa

metamais kauliņš

pienoisjunarata

rotaļu dzelzceļš

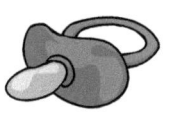

tutti

māneklis

juhlat

ballīte

kuvakirja

bilžu grāmata

pallo

bumba

nukke

lelle

leikkiä

spēlēt

hiekkalaatikko

smilšu kaste

keinu

šūpoles

lelut

rotaļlietas

pelikonsoli

spēļu konsole

kolmipyörä

trīsritenis

nalle

plīša lācītis

vaatekaappi

drēbju skapis

vaatteet

apģērbs

sukat

īszeķes

nylonsukat

zeķes

sukkahousut

zeķbikses

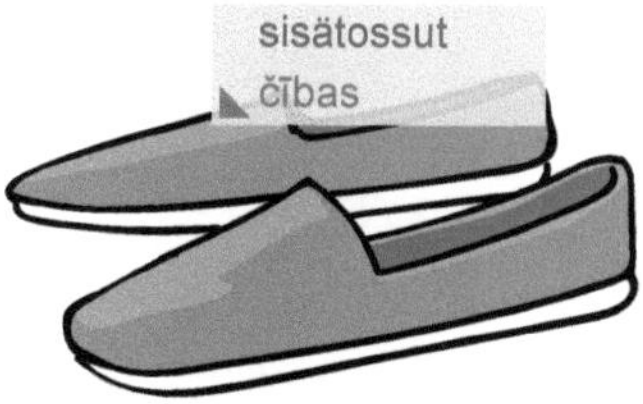

kaulaliina
šalle

sateenvarjo
lietussargs

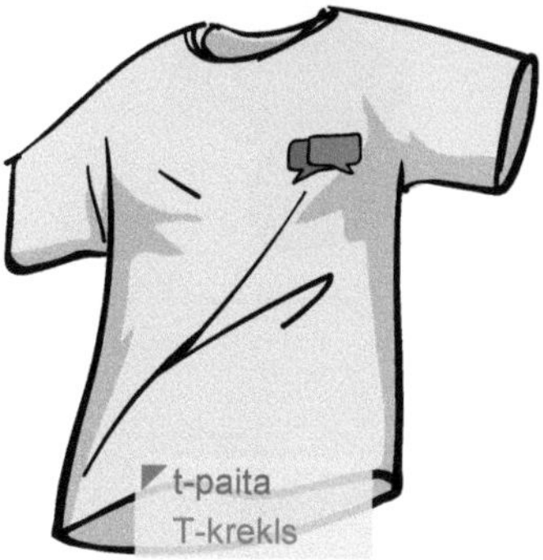

vyö
siksna

t-paita
T-krekls

saappaat
zābaks

sisätossut
čības

lenkkarit
botas

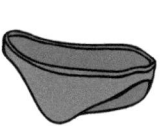

sandaalit
·················
sandales

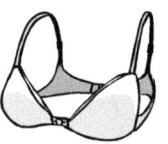

kengät
·················
kurpes

kumisaappaat
·················
gumijas zābaki

alushousut
·················
apakšbikses

rintaliivit
·················
krūšturis

aluspaita
·················
apakškrekls

vaatteet - apģērbs

body

bodijs

housut

bikses

farkut

džinsi

hame

svārki

pusero

blūze

paita

krekls

villapaita

pulovers

collegepaita

džemperis

jakku

žakete

takki

jaka

takki

mētelis

sadetakki

lietus mētelis

puku

kostīms

mekko

kleita

hääpuku

kāzu kleita

puku
uzvalks

yöpaita
naktskrekls

pyjama
pidžama

shari
sari

päähuivi
lakats

turbaani
turbāns

burka
burka

kaftaani
kaftāns

abaya
abaja

uimapuku
peldkostīms

uimahousut
peldbikses

shortsit
šorti

verkkarit
treniņtērps

esiliina
priekšauts

käsineet
cimdi

nappi
poga

silmälasit
brilles

rannekoru
rokassprādze

kaulakoru
kaklarota

sormus
gredzens

korvakoru
auskars

lippalakki
cepure

ripustin
drēbju pakaramais

hattu
platmale

solmio
kaklasaite

vetoketju
rāvējslēdzējs

kypärä
ķivere

henkselit
bikšturi

koulupuku
skolas forma

univormu
uniforma

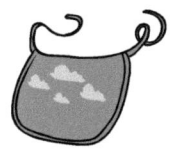

ruokalappu | tutti | vaippa

priekšautiņš | māneklis | autiņbiksītes

toimisto
birojs

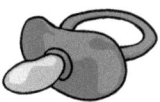

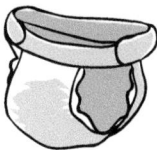

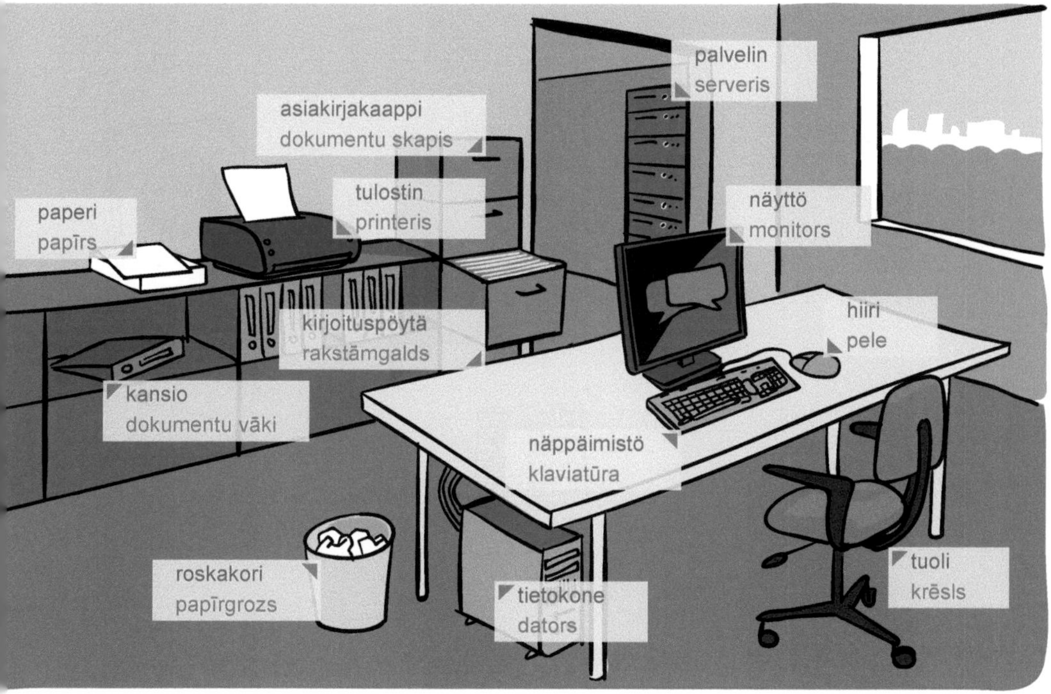

palvelin
serveris
asiakirjakaappi
dokumentu skapis
paperi
papīrs
tulostin
printeris
näyttö
monitors
hiiri
pele
kirjoituspöytä
rakstāmgalds
kansio
dokumentu vāki
näppäimistö
klaviatūra
roskakori
papīrgrozs
tietokone
dators
tuoli
krēsls

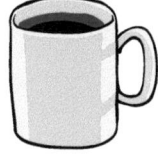

kahvimuki | taskulaskin | internet

kafijas krūze | kalkulators | internets

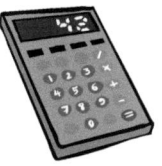

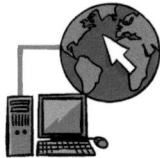

kannettava tietokone

portatīvais dators

kirje

vēstule

viesti

ziņa

kännykkä

mobilais tālrunis

verkko

tīkls

kopiokone

kopētājs

ohjelmisto

programmatūra

puhelin

telefons

pistorasia

rozete

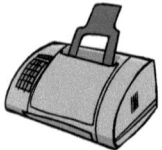

faksi

faksa aparāts

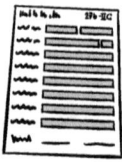

lomake

formulārs

asiakirja

dokuments

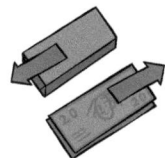

ostaa
pirkt

maksaa
samaksāt

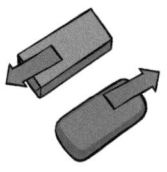

vaihtaa
tirgot

raha
nauda

  **USD**

dollari
dolārs

  **EUR**

euro
eiro

  **JPY**

jeni
jēna

  **RUB**

rupla
rublis

  **CHF**

frangi
franks

  **CNY**

renminbi juan
juaņa renminbi

  **INR**

rupia
rūpija

pankkiautomaatti
bankomāts

rahanvaihto

valūtas maiņas punkts

kulta

zelts

hopea

sudrabs

öljy

nafta

energia

enerģija

hinta

cena

sopimus

līgums

vero

nodoklis

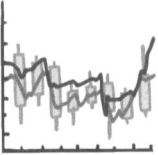

osake

akcija

työskennellä

strādāt

työntekijä

darbinieks

työnantaja

darba devējs

tehdas

fabrika

liike

veikals

talous - ekonomika

poliisi
policists

palomies
ugunsdzēsējs

kokki
pavārs

lääkäri
ārsts

lentäjä
pilots

puutarhuri

dārznieks

puuseppä

galdnieks

ompelija

šuvēja

tuomari

tiesnesis

kemisti

ķīmiķis

näyttelijä

aktieris

linja-autonkuljettaja

autobusa vadītājs

taksinkuljettaja

taksometra vadītājs

kalastaja

zvejnieks

siivooja

apkopēja

katontekijä

jumiķis

tarjoilija

viesmīlis

metsästäjä

mednieks

maalari

gleznotājs

leipuri

maiznieks

sähköasentaja

elektriķis

rakentaja

celtnieks

insinööri

inženieris

teurastaja

miesnieks

putkiasentaja

skārdnieks

postinjakaja

pastnieks

sotilas

karavīrs

arkkitehti

arhitekts

kassanhoitaja

kasieris

floristi

florists

kampaaja

frizieris

konduktööri

konduktors

mekaanikko

mehāniķis

kapteeni

kapteinis

hammaslääkäri

zobārsts

tiedemies

zinātnieks

rabbi

rabīns

imaami

imāms

munkki

mūks

pappi

mācītājs

työkalut
instrumenti

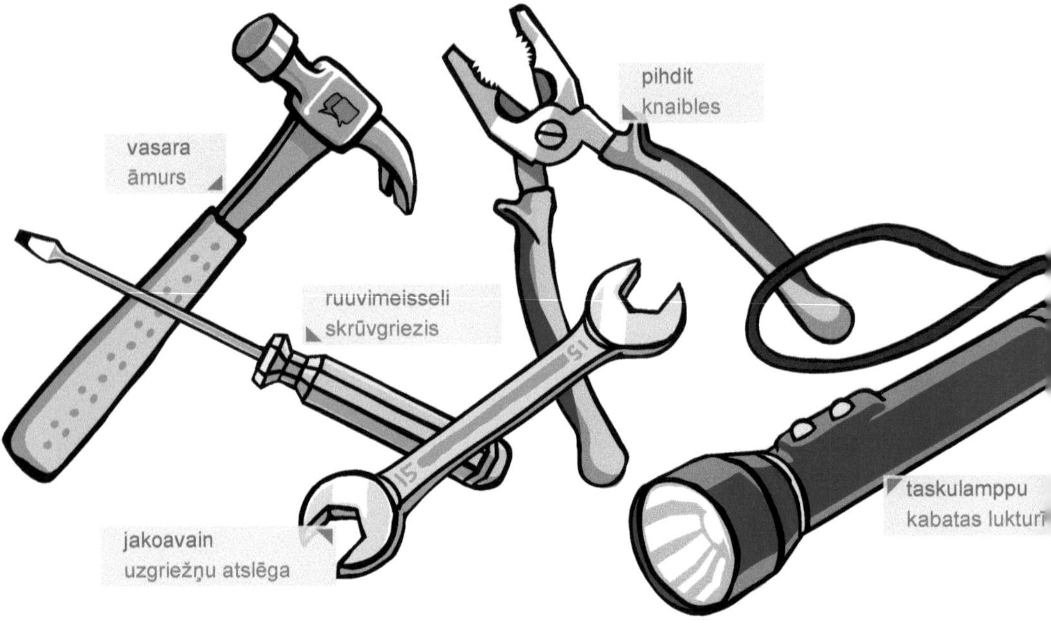

pihdit
knaibles
vasara
āmurs
ruuvimeisseli
skrūvgriezis
taskulamppu
kabatas lukturī
jakoavain
uzgriežņu atslēga

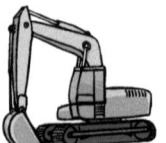

kaivinkone

ekskavators

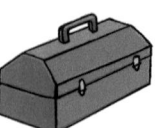

työkalupakki

instrumentu kaste

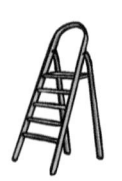

tikkaat

kāpnes

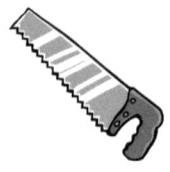

saha

zāģis

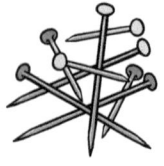

naulat

naglas

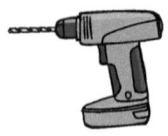

pora

urbis

korjata
....
remontēt

lapio
....
lāpsta

Hitto!
....
Velns!

rikkalapio
....
liekšķere

maalipurkki
....
krāsas bundža

ruuvit
....
skrūves

soittimet
mūzikas instrumenti

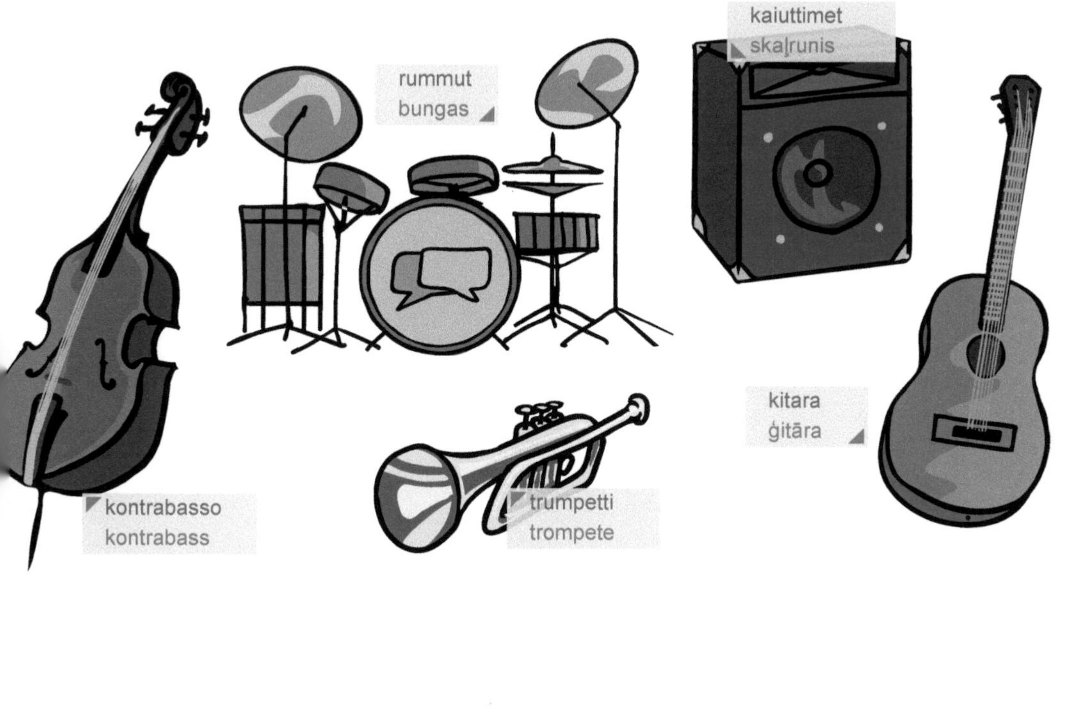

kaiuttimet
skaļrunis

rummut
bungas

kitara
ģitāra

kontrabasso
kontrabass

trumpetti
trompete

piano

klavieres

viulu

vijole

basso

bass

patarummut

timpāni

rumpu

bungas

kosketinsoitin

digitālās klavieres

saksofoni

saksofons

huilu

flauta

mikrofoni

mikrofons

eläintarha
zooloģiskais dārzs

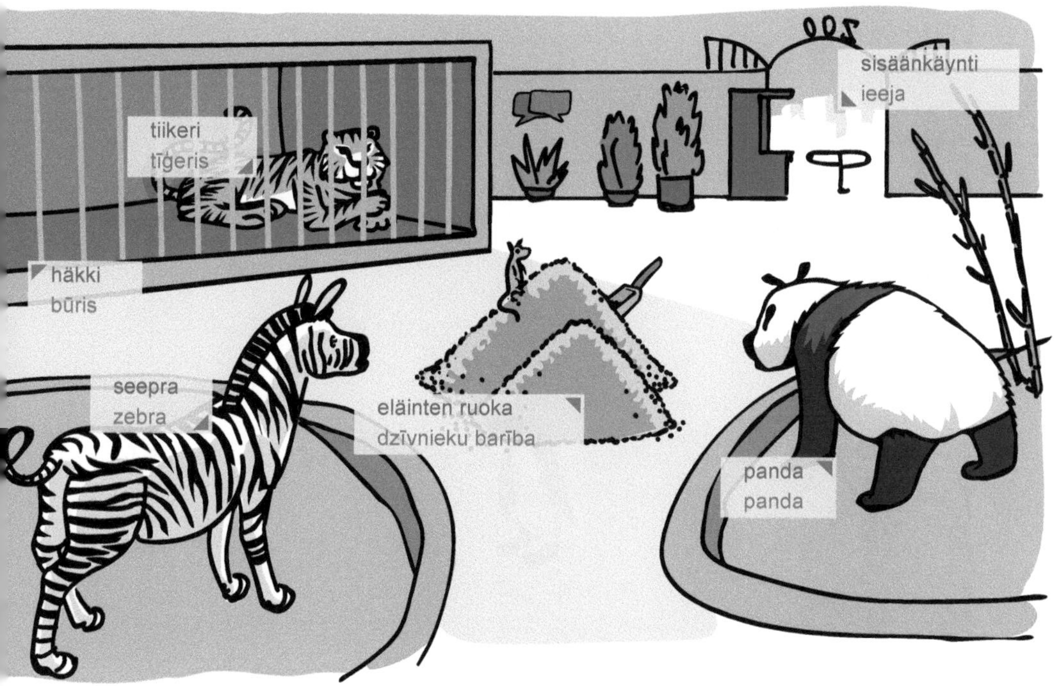

tiikeri
tīģeris
sisäänkäynti
ieeja
häkki
būris
seepra
zebra
eläinten ruoka
dzīvnieku barība
panda
panda

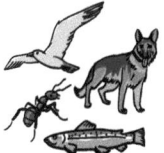

eläimet
dzīvnieki

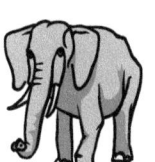

norsu
zilonis

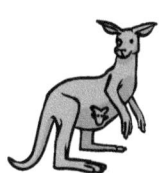

kenguru
ķengurs

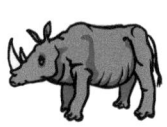

sarvikuono
degunradzis

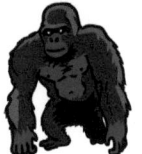

gorilla
gorilla

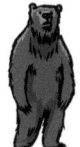

karhu
lācis

kameli

kamielis

strutsi

strauss

leijona

lauva

apina

pērtiķis

flamingo

flamings

papukaija

papagailis

jääkarhu

polārlācis

pingviini

pingvīns

hai

haizivs

riikinkukko

pāvs

käärme

čūska

krokotiili

krokodils

eläintarhanhoitaja

zoodārza sargs

hylje

ronis

jaguaari

jaguārs

poni

ponijs

leopardi

leopards

virtahepo

nīlzirgs

kirahvi

žirafe

kotka

ērglis

villisika

meža cūka

kala

zivs

kilpikonna

bruņurupucis

mursu

valzirgs

kettu

lapsa

gaselli

gazele

amerikkalainen jalkapallo
amerikāņu futbols

pyöräily
riteņbraukšana

tennis
teniss

koripallo
basketbols

uinti
peldēšana

nyrkkeily
bokss

jääkiekko
hokejs

jalkapallo
futbols

sulkapallo
badmintons

yleisurheilu
vieglatlētika

käsipallo
rokas bumba

hiihto
slēpošana

poolo
polo

aktiviteetit
darbības

nauraa
smieties
hypätä
lēkt
halata
apskaut
kävellä
iet
laulaa
dziedāt
unelmoida
sapņot
rukoilla
lūgt
suudella
skūpstīt

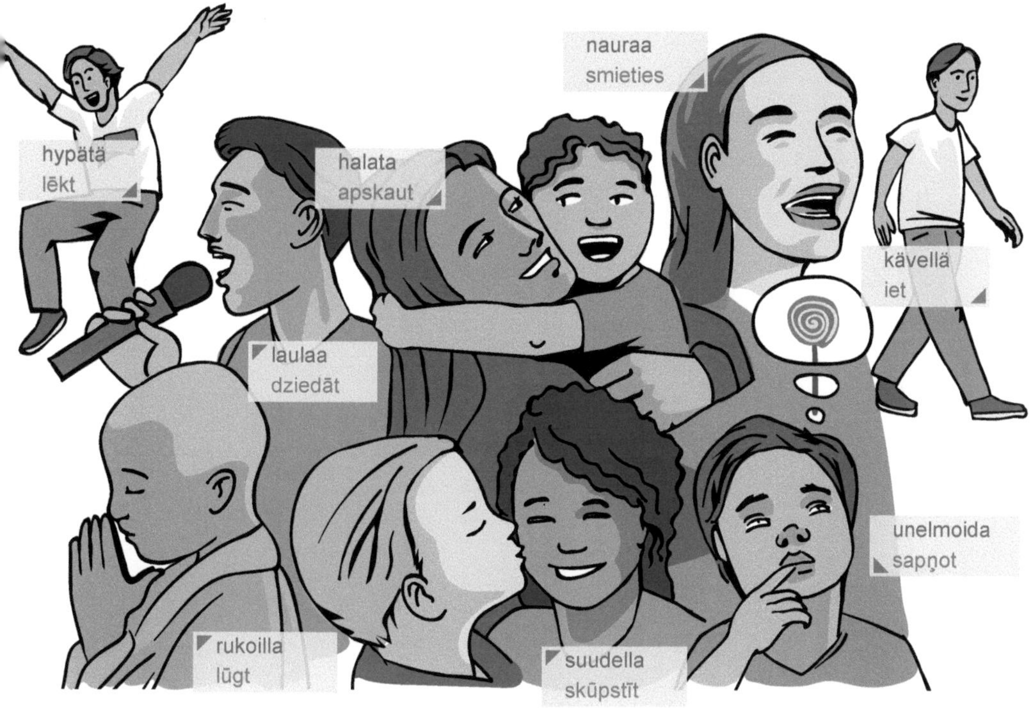

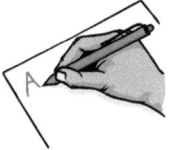

kirjoittaa

rakstīt

piirtää

zīmēt

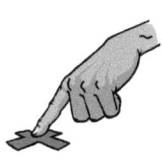

näyttää

rādīt

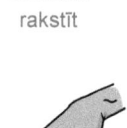

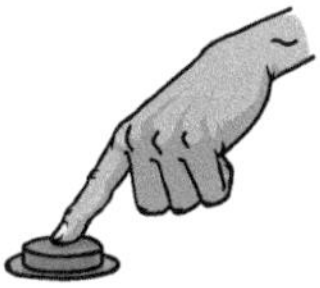

painaa

spiest

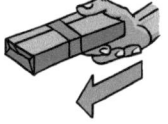

antaa

dot

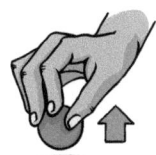

ottaa

ņemt

omistaa

būt

tehdä

darīt

olla

būt

seisoa

stāvēt

juosta

skriet

vetää

vilkt

heittää

mest

kaatua

krist

maata

gulēt

odottaa

gaidīt

kantaa

nest

istua

sēdēt

pukeutua

uzģērbt

nukkua

gulēt

herätä

pamosties

katsoa
skatīties

itkeä
raudāt

silittää
glāstīt

kammata
ķemmēt

puhua
runāt

ymmärtää
saprast

kysyä
jautāt

kuunnella
dzirdēt

juoda
dzert

syödä
ēst

siivota
sakārtot

rakastaa
mīlēt

keittää
vārīt

ajaa
braukt

lentää
lidot

purjehtia

burot

laskea

rēķināt

lukea

lasīt

oppia

mācīties

työskennellä

strādāt

mennä naimisiin

precēties

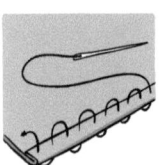

ommella

šūt

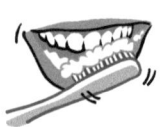

pestä hampaat

tīrīt zobus

tappaa

nogalināt

tupakoida

smēķēt

lähettää

sūtīt

perhe
ģimene

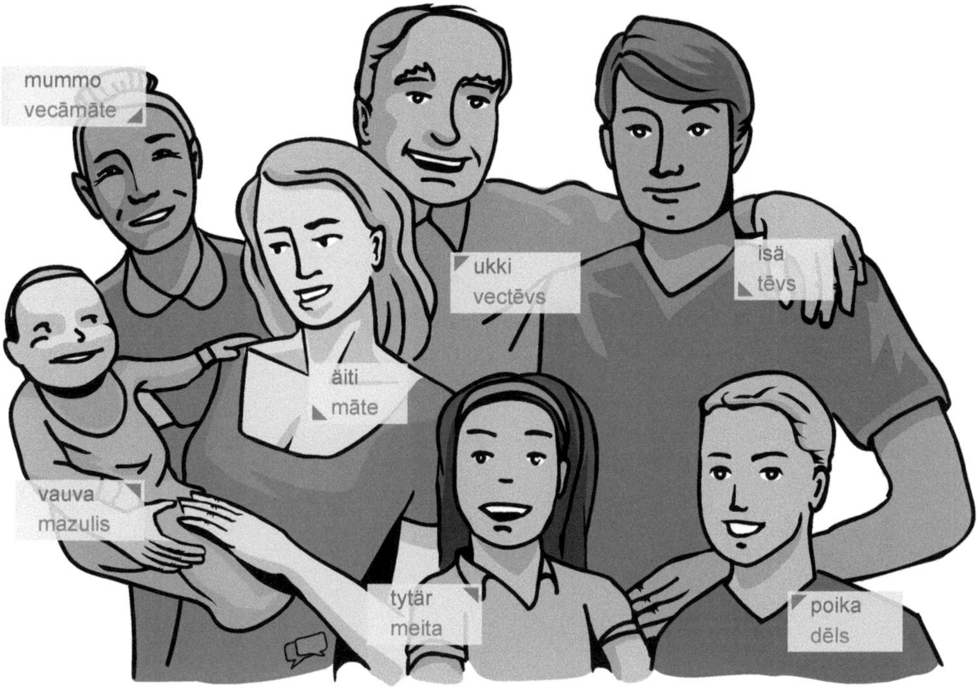
mummo
vecāmāte
ukki
vectēvs
isä
tēvs
äiti
māte
vauva
mazulis
tytär
meita
poika
dēls

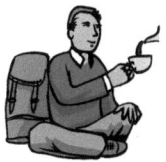

vieras

viesis

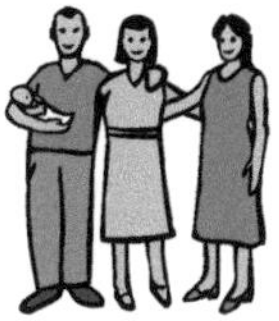

täti

tante

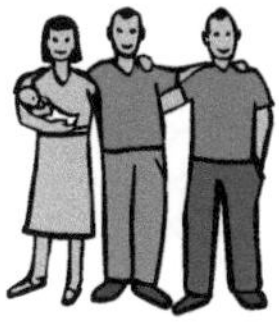

setä

onkulis

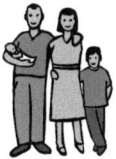

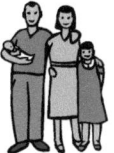

veli

brālis

sisko

māsa

vartalo

ķermenis

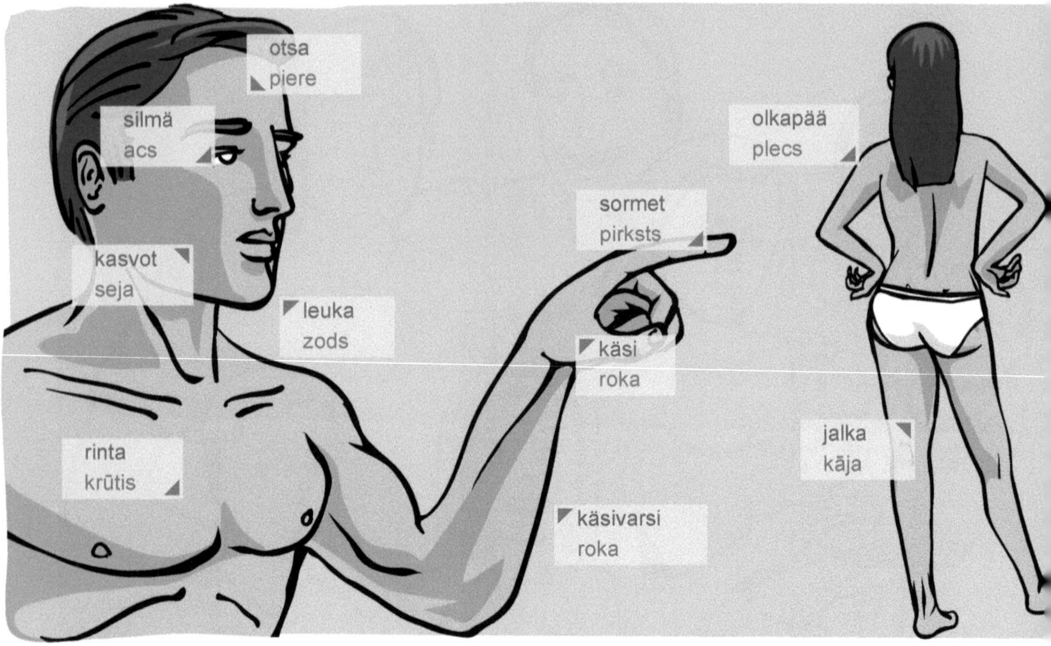

otsa
piere

silmä
acs

olkapää
plecs

sormet
pirksts

kasvot
seja

leuka
zods

käsi
roka

rinta
krūtis

jalka
kāja

käsivarsi
roka

vauva
mazulis

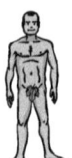

mies
vīrietis

nainen
sieviete

tyttö
meitene

poika
zēns

pää
galva

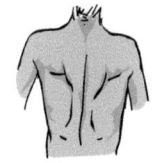

selkä

mugura

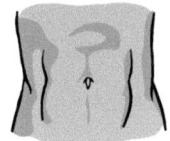

maha

vēders

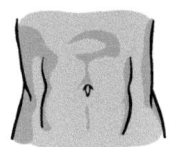

napa

naba

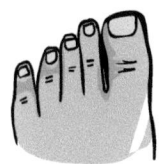

varvas

kājas pirksts

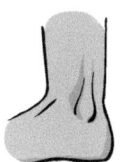

kantapää

papēdis

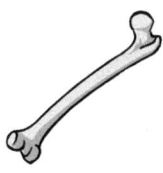

luu

kauls

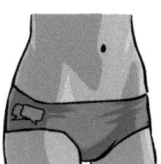

lantio

gurns

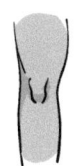

polvi

celis

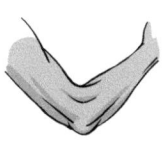

kyynärpää

elkonis

nenä

deguns

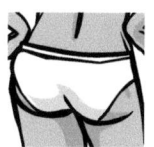

takapuoli

dibens

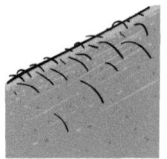

iho

āda

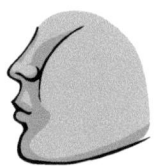

poski

vaigs

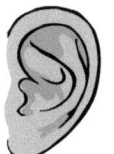

korva

auss

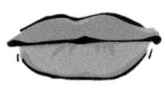

huuli

lūpa

suu
mute

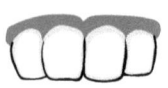

hammas
zobs

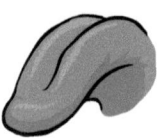

kieli
mēle

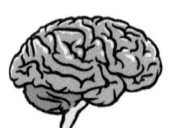

aivot
smadzenes

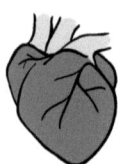

sydän
sirds

lihas
muskulis

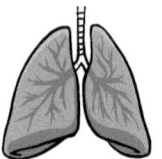

keuhkot
plaušas

maksa
aknas

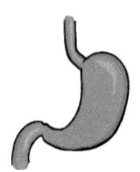

vatsa
kuņģis

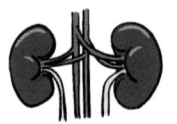

munuaiset
nieres

seksi
dzimumakts

kondomi
kondoms

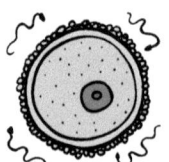

munasolu
olšūna

sperma
sperma

raskaus
grūtniecība

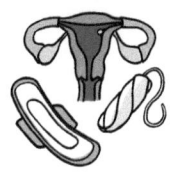

kuukautiset

menstruācijas

vagina

vagīna

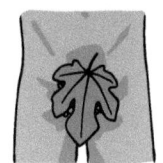

penis

penis

kulmakarvat

uzacs

hiukset

mati

niska

kakls

sairaala
slimnīca

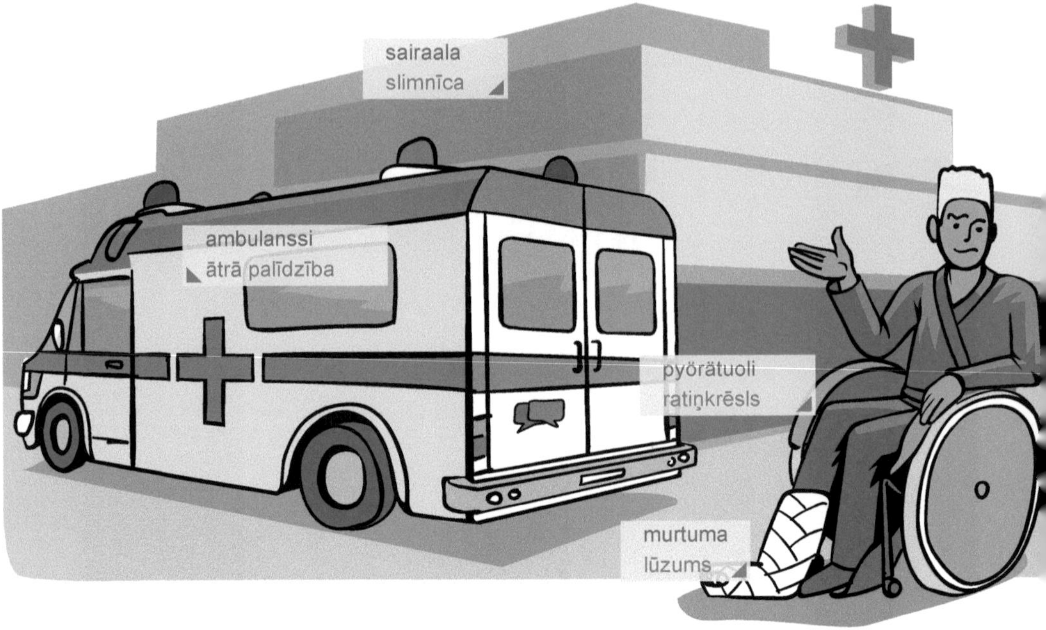

sairaala
slimnīca
ambulanssi
ātrā palīdzība
pyörätuoli
ratiņkrēsls
murtuma
lūzums

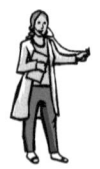

lääkäri

ārsts

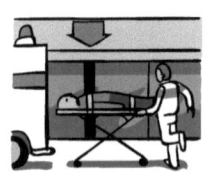

ensiapu

neatliekamās palīdzības nodaļa

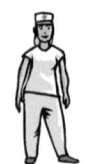

sairaanhoitaja

medmāsa

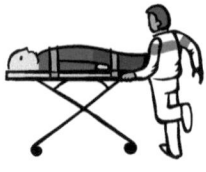

hätätilanne

ārkārtas gadījums

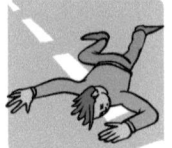

tajuton

paģībis

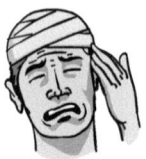

kipu

sāpes

vamma
ievainojums

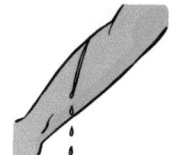

verenvuoto
asiņošana

sydänkohtaus
sirdslēkme

aivoinfarkti
insults

allergia
alerģija

yskä
klepus

kuume
temperatūra

flunssa
gripa

ripuli
caureja

päänsärky
galvassāpes

syöpä
vēzis

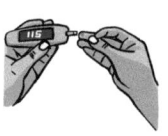

diabetes
diabēts

kirurgi
ķirurgs

veitsi
skalpelis

leikkaus
operācija

ct
....
datortomogrāfija

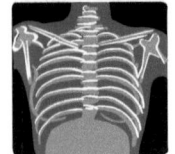

röntgen
....
rentgents

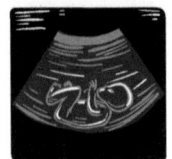

ultraääni
....
ultraskaņa

maski
....
sejas maska

sairaus
....
slimība

odotushuone
....
uzgaidāmā telpa

sauva
....
kruķis

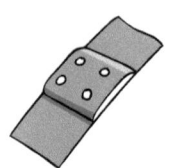

laastari
....
plāksteris

side
....
apsējs

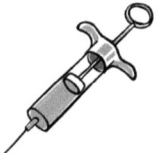

pistos
....
injekcija

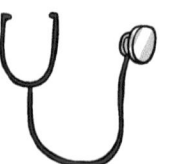

stetoskooppi
....
stetoskops

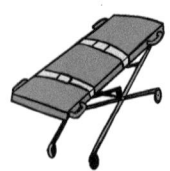

paarit
....
nestuves

kuumemittari
....
termometrs

syntymä
....
dzemdības

ylipaino
....
liekais svars

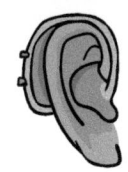

kuulolaite

dzirdes aparāts

desinfiointiaine

dezinfekcijas līdzeklis

infektio

infekcija

virus

vīruss

HIV / AIDS

HIV / AIDS

lääke

zāles

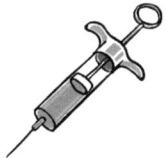

rokotus

pote

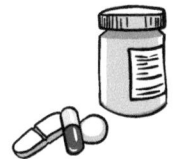

tabletit

tabletes

pilleri

pretapaugļošanās tablete

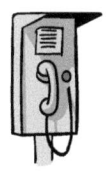

hätäpuhelu

ārkārtas izsaukums

verenpainemittari

asinsspiediena mērītājs

sairas / terve

slims / vesels

sairaala - slimnīca

Apua!

Palīgā!

ryöstö

uzbrukums

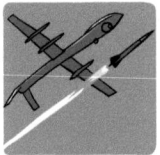

hyökkäys

uzbrukums

vaara

bīstamība

hätäuloskäynti

avārijas izeja

Tulipalo!

Uguns!

palosammutin

ugunsdzēšamais aparāts

onnettomuus

negadījums

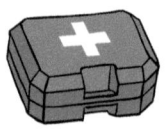

ensiapulaukku

pirmās palīdzības aptieciņa

SOS

SOS

poliisilaitos

policija

hälytys

trauksme

Eurooppa

Eiropa

Pohjois-Amerikka

Ziemeļamerika

Etelä-Amerikka

Dienvidamerika

Afrikka

Āfrika

Aasia

Āzija

Australia

Austrālija

Atlantin valtameri

Atlantijas okeāns

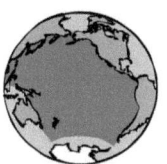

Tyynimeri

Klusais okeāns

Intian valtameri

Indijas okeāns

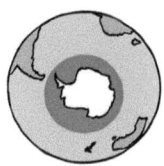

Eteläinen jäämeri

Dienvidu okeāns

Pohjoinen jäämeri

Ziemeļu ledus okeāns

pohjoisnapa

Ziemeļpols

etelänapa

Dienvidpols

Antarktis

Antarktika

maa

zeme

maa

zeme

meri

jūra

saari

sala

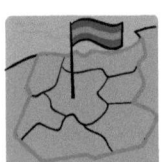

kansa

nācija

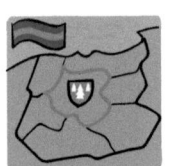

osavaltio

valsts

kellotaulu

ciparnīca

tuntiviisari

stundu rādītājs

minuuttiviisari

minūšu rādītājs

sekuntiviisari

sekunžu rādītājs

Paljonko kello on?

Cik ir pulkstenis?

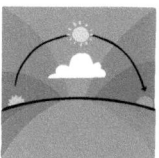

päivä

diena

aika

laiks

nyt

tagad

digitaalikello

digitālais pulkstenis

minuutti

minūte

tunti

stunda

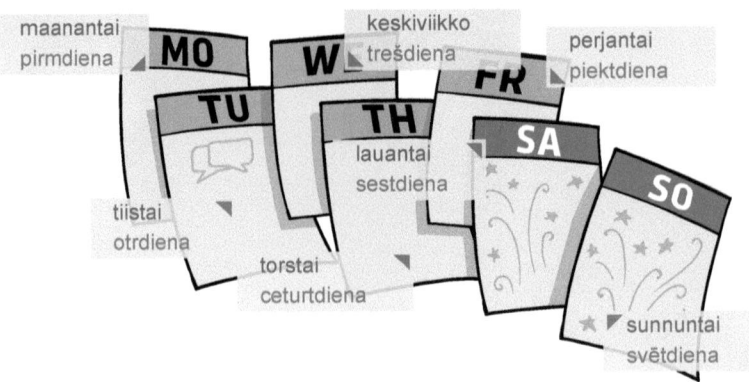

maanantai
pirmdiena — MO

keskiviikko
treśdiena — W

perjantai
piektdiena — FR

TU

TH

SA

tiistai
otrdiena

lauantai
sestdiena

torstai
ceturtdiena

SO

sunnuntai
svētdiena

eilen
....
vakardien

tänään
....
šodien

huomenna
....
rītdien

aamu
....
rīts

keskipäivä
....
pusdienlaiks

ilta
....
vakars

työpäivät
....
darbadienas

viikonloppu
....
brīvdienas

vuosi
gads

sade
lietus
sateenkaari
varavīksne
tuuli
vējš
lumi
sniegs
kevät
pavasaris
kesä
vasara
syksy
rudens
talvi
ziema

4.APRIL 11°
5.APRIL 4°
6.APRIL 13°
7.APRIL 8°
8.APRIL 10°

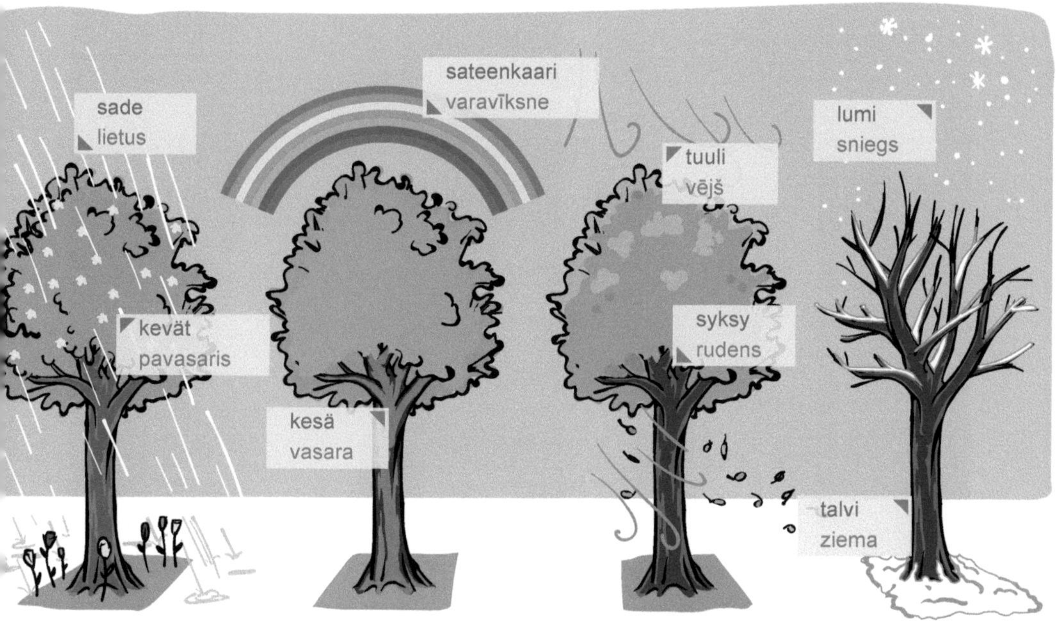

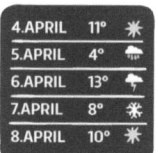

sääennuste

laika prognoze

F
C
120
90
60
30
0
-30
40
30
20
10
0
-10
-20

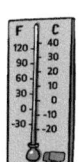

lämpömittari

termometrs

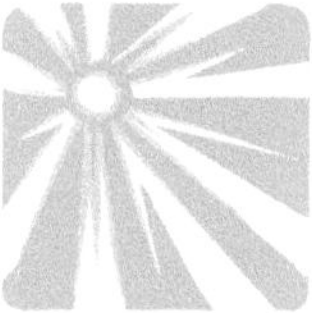

auringonpaiste

saules gaisma

pilvi

mākonis

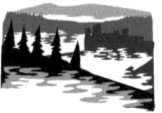

sumu

migla

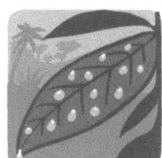

ilmankosteus

gaisa mitrums

salama
....
zibens

ukkonen
....
pērkons

myrsky
....
vētra

rae
....
krusa

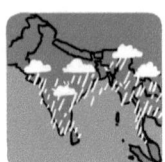

monsuuni
....
musons

tulva
....
plūdi

jää
....
ledus

tammikuu
....
janvāris

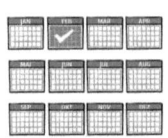

helmikuu
....
februāris

maaliskuu
....
marts

huhtikuu
....
aprīlis

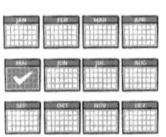

toukokuu
....
maijs

kesäkuu
....
jūnijs

heinäkuu
....
jūlijs

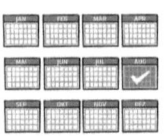

elokuu
....
augusts

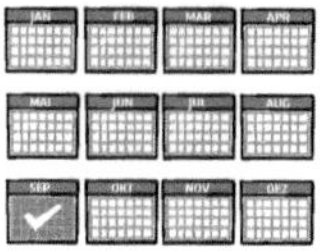

syyskuu

septembris

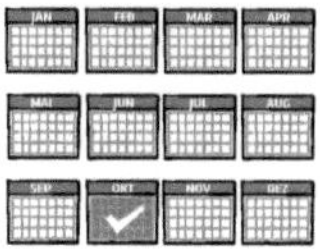

lokakuu

oktobris

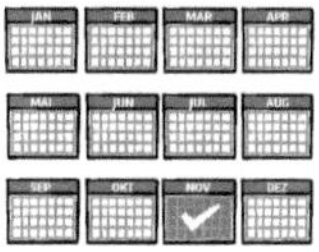

marraskuu

novembris

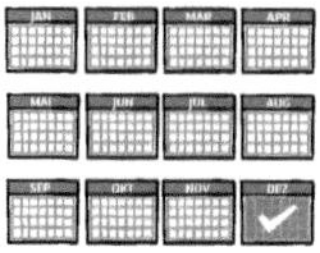

joulukuu

decembris

muodot

formas

ympyrä

aplis

neliö

kvadrāts

suorakulmio

četrstūris

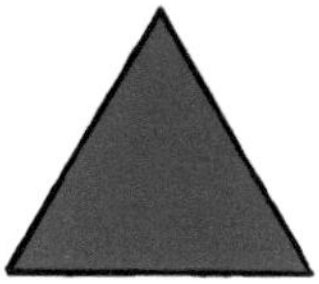

kolmio

trīsstūris

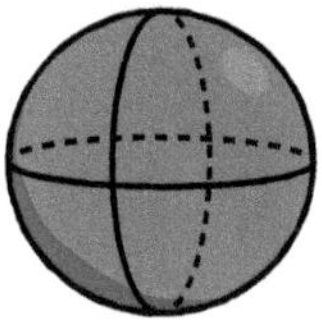

pallo

lode

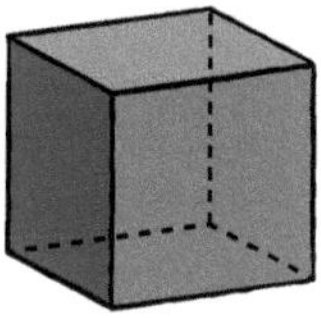

kuutio

kubs

valkoinen

balts

keltainen

dzeltens

oranssi

oranžs

vaaleanpunainen

sārts

punainen

sarkans

violetti

lillā

sininen

zils

vihreä

zaļš

ruskea

brūns

harmaa

pelēks

musta

melns

paljon / vähän
daudz / maz

vihainen / ystävällinen
saniknots / miermīlīgs

kaunis / ruma
skaists / neglīts

alku / loppu
sākums / beigas

suuri / pieni
liels / mazs

vaalea / tumma
gaišs / tumšs

veli / sisko
brālis / māsa

puhdas / likainen
tīrs / netīrs

täydellinen / epätäydellinen

pilnīgs / nepilnīgs

päivä / yö
diena / nakts

kuollut / elävä
miris / dzīvs

leveä / kapea
plats / šaurs

syötävä / syömäkelvoton

baudāms / nebaudāms

paha / kiltti

nikns / laipns

innostunut / tylsistynyt

satraukts / garlaikots

lihava / laiha

resns / tievs

ensimmäinen / viimeinen

pirmais /pēdējais

ystävä / vihollinen

draugs / ienaidnieks

täysi / tyhjä

pilns / tukšs

kova / pehmeä

ciets / mīksts

painava / kevyt

smags / viegls

nälkä / jano

izsalkums / slāpes

sairas / terve

slims / vesels

laiton / laillinen

nelegāls / legāls

älykäs / tyhmä

inteliģents / dumjš

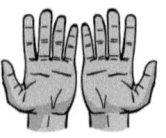

vasen / oikea

kreisais / labais

lähellä / kaukana

tuvu / tālu

uusi / käytetty

jauns / lietots

ei mitään / jotain

nekas / kaut kas

vanha / nuori

vecs / jauns

päällä / pois päältä

ieslēgts / izslēgts

auki / kiinni

atvērts / slēgts

hiljainen / äänekäs

kluss / skaļš

rikas / köyhä

bagāts / nabags

oikein / väärin

pareizi / nepareizi

karhea / sileä

raupjš / gluds

surullinen / iloinen

noskumis / laimīgs

lyhyt / pitkä

īss / garš

hidas / nopea

lēns / ātrs

märkä / kuiva

slapjš / sauss

lämmin / viileä

silts / vēss

sota / rauha

karš / miers

0	**1**	**2**
nolla	yksi	kaksi
nulle	viens	divi

3	**4**	**5**
kolme	neljä	viisi
trīs	četri	pieci

6	**7**	**8**
kuusi	seitsemän	kahdeksan
seši	septiņi	astoņi

9	**10**	**11**
yhdeksän	kymmenen	yksitoista
deviņi	desmit	vienpadsmit

12

kaksitoista

divpadsmit

13

kolmetoista

trīspadsmit

14

neljätoista

četrpadsmit

15

viisitoista

piecpadsmit

16

kuusitoista

sešpadsmit

17

seitsemäntoista

septiņpadsmit

18

kahdeksantoista

astoņpadsmit

19

yhdeksäntoista

deviņpadsmit

20

kaksikymmentä

divdesmit

100

sata

simts

1.000

tuhat

tūkstotis

1.000.000

miljoona

miljons

englanti

anglu

amerikanenglanti

amerikāņu anglu

mandariinikiina

ķīniešu mandarīnu valoda

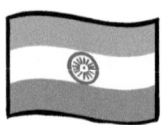

hindi

hindi

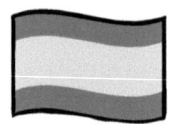

espanja

spāņu

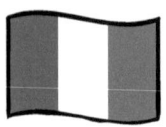

ranska

franču

arabia

arābu

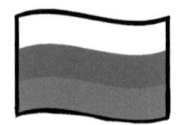

venäjä

krievu

portugali

portugāļu

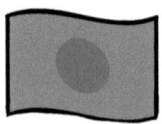

bengali

bengāļu

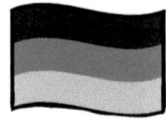

saksa

vācu

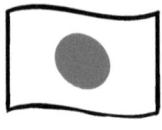

japani

japāņu

minä

es

sinä

tu

hän

viņš / viņa

me

mēs

te

jūs

he

viņi / viņas

kuka?

kas?

mitä / mikä?

ko?

miten?

kā?

missä?

kur?

milloin?

kad?

nimi

vārds

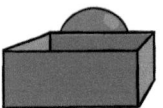

takana
....
aiz

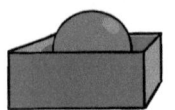

sisällä
....
iekšā

edessä
....
priekšā

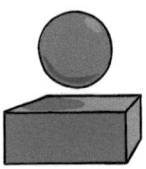

yläpuolella
....
virs

päällä
....
uz

alapuolella
....
zem

vieressä
....
blakus

välissä
....
starp

paikka
....
vieta